LIDERANÇA RESSONANTE

A ARTE DE CRIAR CONEXÕES EMOCIONAIS COM AS PESSOAS

Editora Appris Ltda.
1.ª Edição - Copyright© 2024 do autor
Direitos de Edição Reservados à Editora Appris Ltda.

Nenhuma parte desta obra poderá ser utilizada indevidamente, sem estar de acordo com a Lei nº 9.610/98. Se incorreções forem encontradas, serão de exclusiva responsabilidade de seus organizadores. Foi realizado o Depósito Legal na Fundação Biblioteca Nacional, de acordo com as Leis nos 10.994, de 14/12/2004, e 12.192, de 14/01/2010.

Catalogação na Fonte
Elaborado por: Josefina A. S. Guedes
Bibliotecária CRB 9/870

R337l
2024
	Regis, Gabriel Lopes
	    Liderança ressonante: a arte de criar conexões emocionais com as pessoas / Gabriel Lopes Regis. – 1. ed. – Curitiba: Appris, 2024.
	125 p. ; 21 cm.
	
	    Inclui referências.
	    ISBN 978-65-250-6068-2
	
	    1. Liderança. 2. Administração de pessoal. 3. Recursos humanos. I. Título.
	
	    CDD – 658.4092

Livro de acordo com a normalização técnica da ABNT

Appris editora

Editora e Livraria Appris Ltda.
Av. Manoel Ribas, 2265 – Mercês
Curitiba/PR – CEP: 80810-002
Tel. (41) 3156 - 4731
www.editoraappris.com.br

Printed in Brazil
Impresso no Brasil

GABRIEL LOPES

LIDERANÇA RESSONANTE
A ARTE DE CRIAR CONEXÕES EMOCIONAIS
COM AS PESSOAS

FICHA TÉCNICA

EDITORIAL	Augusto V. de A. Coelho
	Sara C. de Andrade Coelho
COMITÊ EDITORIAL	Marli Caetano
	Andréa Barbosa Gouveia - UFPR
	Edmeire C. Pereira - UFPR
	Iraneide da Silva - UFC
	Jacques de Lima Ferreira - UP
SUPERVISOR DA PRODUÇÃO	Renata Cristina Lopes Miccelli
ASSESSORIA EDITORIAL	William Rodrigues
REVISÃO	Simone Ceré
PRODUÇÃO EDITORIAL	Adrielli de Almeida
DIAGRAMAÇÃO	Bruno Ferreira Nascimento
CAPA	Kananda Ferreira

SUMÁRIO

INTRODUÇÃO 9

1. O DNA DE UM LÍDER 12
1.1. POR QUE LÍDERES FALHAM? 13
1.2. QUAL O DNA DE UM LÍDER? 15
    1.2.1 AUTOCONSCIÊNCIA 17
    1.2.2 AUTOGESTÃO 17
    1.2.3 CONSCIÊNCIA SOCIAL 17
    1.2.4 HABILIDADES SOCIAIS 18
1.3 AVALIAÇÃO DE COMPETÊNCIAS SOCIOEMOCIONAIS DE LIDERANÇA 20

2. COMO OS LÍDERES INFLUENTES CRIAM CONEXÃO COM AS PESSOAS 23
2.1 CONEXÕES EMOCIONAIS 28

3. A LIDERANÇA RESSONANTE 33
3.1 A ARTE DE FAZER CONVITES 36
3.2 O LADO OBSCURO DA LIDERANÇA 38

4. SEIS FORMAS EFICAZES DE LIDERAR 41
4.1 VISIONÁRIO 41
4.2 COACH 42
4.3 AFILIATIVO 42
4.4 DEMOCRÁTICO 43
4.5 MARCADOR DE RITMO 43
4.6 COERCIVO 44
4.7 QUAL O MELHOR PERFIL DE LÍDER? 44

4.8 COMO ESCOLHER QUAL PERFIL DE COMPORTAMENTO ADOTAR?... 45
4.9 CASO DIRETORA NATALIE 47

5.
SERÁ QUE VENHO SENDO UM LÍDER-REFÉM, SEM TER CONSCIÊNCIA DISSO? ... 50
5.1 CONFLITOS NO TRABALHO, NA VIDA E NA SOCIEDADE 50
5.2 DOIS CAMINHOS PARA AGIR 53
5.3 CASO O NEGOCIADOR DE REFÉNS 55
5.4 COMO GERENCIAR CONFLITOS 58
5.5 O MÉTODO HARVARD DE NEGOCIAÇÃO 61
5.6 E SE O OUTRO LADO FOR MAIS PODEROSO? 63
5.7 CASO ISRAEL VS EGITO 64
5.8 CONFLITOS NA LIDERANÇA 65

6.
AS ARMADILHAS DA INTUIÇÃO PARA O LÍDER 68
6.1 POR QUE BONS LÍDERES TOMAM DECISÕES RUINS? 68
6.2 O QUE É A INTUIÇÃO? 70
6.3 AS ARMADILHAS DA INTUIÇÃO PARA OS LÍDERES 71
6.4 COMO UM LÍDER DEVE TOMAR DECISÕES DIFÍCEIS 72

7.
ESTRATÉGIAS PARA GESTÃO DE TIMES 74
7.1 DELEGAÇÃO DE TAREFAS 74
7.2 ROTINAS E BOAS PRÁTICAS 77
7.3 DESENVOLVIMENTO DAS PESSOAS 81
7.4 TIMES DE ALTO DESEMPENHO 86
7.5 PRÁTICA VS TEORIA 88

8.
A VIDA INTERIOR NO TRABALHO 89
8.1 O TRABALHO COM SIGNIFICADO 92
8.2 O PODER DAS PEQUENAS VITÓRIAS 93

9.
ANTES DE SER CRIATIVO, SEJA PRODUTIVO! 96
    9.1 O QUE É CRIATIVIDADE E INOVAÇÃO? 96
    9.2 COMO AUMENTAR A CRIATIVIDADE DO TIME 97
    9.3 COMO AS ORGANIZAÇÕES PERDEM CRIATIVIDADE 99

10
A ILUSÃO DE DEMITIR EM MASSA PARA SALVAR A EMPRESA DA CRISE 100
    10.1 QUAL CAMINHO SEGUIR ENTÃO? 103

11
O PRINCÍPIO DA PRODUTIVIDADE DAS ORGANIZAÇÕES 104
    11.1 O PROPULSOR DO CRESCIMENTO 104
    11.2 TOYOTA VS VOLKSWAGEN 107
    11.3 COMO AUMENTAR A PRODUTIVIDADE? 108
    11.4 IDENTIFIQUE AS CAUSAS DOS PROBLEMAS 113
    11.5 PRODUTIVIDADE X QUALIDADE 114

12
POR QUE SUA EMPRESA PRECISA DE UM PROGRAMA DE LIDERANÇA? 116
    12.1 POR QUE DESENVOLVER LÍDERES? 116
    12.2 COMO ESTRUTURAR UM PROGRAMA DE LIDERANÇA 117
    12.3 O MUNDO ESTÁ CARENTE DE LÍDERES 119

REFERÊNCIAS 121

INTRODUÇÃO

Comecei a me interessar por liderança por volta de 2012, com 19 anos de idade, quando assumi de forma involuntária o comando de uma equipe de expedição em um armazém de uma multinacional italiana. Nessa época, ainda no início do curso de engenharia de produção, não possuía nenhum conhecimento teórico e prático sobre o tema. A equipe era pequena, mas bem variada, desde pais de família bem mais velhos e experientes do que eu até jovens profissionais de 18 anos, iniciando sua vida no mercado de trabalho.

Nesse mesmo período, a empresa passava por uma crise forte e presenciamos várias trocas de gestores, muitos deles meus superiores diretos. Isso me fez refletir sobre as seguintes perguntas: por que alguns líderes davam certo naquela empresa e outros não? Quais erros aqueles que não eram bem-sucedidos cometiam e quais competências os que obtiveram sucesso possuíam que os diferenciavam?

Graças a essas pequenas experiências e a influência de um mentor dentro da organização, o qual tenho até hoje como uma referência de grande líder, me interessei por liderança. A partir disso, comecei a ler sobre o tema, participei de vários cursos e, anos depois, realizei uma pesquisa acadêmica pela Universidade do Vale do Itajaí (Univali), onde busquei identificar quais são as competências essenciais para um líder, segundo a literatura.

No ano de 2018, após um workshop que ministrei, fui convidado pelo CEO da *Revista Perfil*, que estava presente no público, a ser colunista da publicação, para escrever e opinar sobre liderança. Posso afirmar que este momento foi um divisor de águas em minha carreira, pois trouxe muita visibilidade e autoridade para meu trabalho. Por conta disso, posteriormente tive a oportunidade de ser colunista também no blog da startup de educação corporativa Gonow1 e Instituto Life Coaching, publicando mensalmente artigos sobre o mesmo tema.

Este livro, então, é um compilado dos textos e artigos que publiquei nesses e em outros portais nos últimos anos, além da experiência prática de mais de mil e quinhentas horas, atuando com treinamento dentro de empresas, para mais de trezentos gestores e executivos. Busquei trazer em uma ordem lógica, os conhecimentos que julgo necessários para o desenvolvimento de um líder, baseando-me em estudos científicos e em autores reconhecidos. Cito cada referência para dar o devido crédito as minhas influências, mas também para que o leitor possa pesquisar e se aprofundar ainda mais nos temas. Por essa razão, ao final do livro o leitor encontrará todo o referencial teórico dos livros, artigos e pesquisas.

    Este trabalho parte da demanda que tenho observado no mercado de desenvolvimento humano, que vem passando por uma overdose de informação, ou seja, muitos profissionais atuando, porém poucos com experiência e competência. Muito discurso superficial e poucos resultados profundos. Diante disso, o objetivo do livro é fornecer um conteúdo capaz de conectar aquilo que há de moderno em estudos científicos e a prática das organizações. Isto é, conhecimento profundo e fundamentado, mas de fácil aplicação na rotina profissional. Na contramão daquilo que vem sendo consumido sobre temas complexos, principalmente nas redes sociais.

    Espero com este livro fornecer para líderes de primeira viagem os conhecimentos e ferramentas necessários para seu início de jornada, passando pelos principais temas, como: competências de liderança, comportamentos eficazes e ineficazes, gestão de conflitos, desenvolvimento de times, tomada de decisão, entre outros. Já para os mais experientes, desejo gerar provocações e insumos para desenvolver uma liderança influente e que produza resultados mais eficazes. Sendo assim, o leitor poderá consultar os capítulos quando estiver experienciando algo visto aqui, ou sempre que julgar necessário relembrar.

    Se o leitor está buscando algo motivacional, com frases prontas e de efeito, talvez esta não seja a melhor opção. Acredito fortemente no desenvolvimento humano mediante reflexões e exemplos práticos. Em minhas mentorias, utilizo o método socrático para gerar provocações e, com isso, fazer com que líderes encontrem a melhor estratégia para suas realidades. Por essa razão, ao longo deste livro o leitor irá se deparar com perguntas para autorreflexão e casos reais de líderes que presenciei, para que possa se projetar nessas situações e adaptá-las no exercício de sua liderança.

    Por fim, esta é uma imersão na liderança ressonante em todos os seus aspectos. Veremos que este não é simplesmente um estilo específico de líder, ou um estereótipo e muito menos uma lista de característica onde podemos consultar se temos ou não o que é necessário para o sucesso. O que posso adiantar é que é possível ser um líder ressonante sem perder suas particularidades; aliás, a essência da liderança ressonante é exatamente a autenticidade. Compreenderemos também que a relação entre os líderes influentes e seus liderados é muito mais profunda do que simples relacionamento interpessoal, é uma conexão entre cérebros.

1.
O DNA DE UM LÍDER

Desde as civilizações primitivas, até os tempos atuais, os líderes exercem papel importante em diferentes áreas da sociedade, como política, religião, militar, e dentro das organizações privadas. A maioria das pessoas reconhece um líder dentro dessas áreas, contudo ainda hoje é difícil dizer ao certo o que diferencia líderes eficazes dos demais. Diante disso, inúmeros especialistas das ciências comportamentais e do mundo corporativo vêm buscando esse entendimento, porém ainda existe um campo muito grande a ser explorado.

O que percebi em minhas pesquisas e leituras sobre o tema *liderança* é que os autores divergem muito entre si, pelo menos em termos de competências e características. Em muitos casos, os especialistas de mercado, como donos de empresas e consultores, expõem suas opiniões baseados em suas experiências, como uma verdade absoluta. Obviamente, essas experiências são extremamente relevantes; contudo, não necessariamente se aplicam a todos os contextos. Por exemplo, estas listas de habilidades dos líderes que saem em revistas como a *Forbes*, com títulos chamativos, como: "CEO da empresa X elenca as 10 competências do líder do futuro". Na maioria das vezes, se analisarmos bem, é impossível alguém possuir todos os itens dessas listas, como se o líder fosse um ser quase perfeito, cheio de grandes qualidades e virtudes pessoais. Diante disso, busquei encontrar padrões reais nesses trabalhos, algo palpável e "possível" de ser encontrado, e ainda mergulhei nos principais portais de liderança internacionais, para compreender o que os estudos científicos mais modernos nos dizem sobre os líderes eficazes.

Do que é feito um líder? Quais as características que diferenciam os líderes eficazes dos demais? Foram esses questionamentos que me guiaram neste processo. Durante minha pesquisa acadêmica, confesso que tive receio de que meu trabalho fosse em vão, pois compreendi que não existe um perfil de líder. Bom, pelo menos não como pensamos. A realidade é que a liderança eficaz não se define por um estereótipo ou lista de qualidades, mas sim por quocientes de inteligência e habilidades sociais. Nesse sentido, a neurociência e psicologia nos ajudam a entender melhor. De modo geral, líderes influentes são aqueles que conseguem ativar circuitos sociais nos cérebros das pessoas, por meio de competências sociais e emocionais. Sendo assim, é possível exercer a liderança, sem perder a sua essência enquanto indivíduo, por exemplo, uma pessoa introvertida pode ser um líder eficaz tanto quanto uma pessoa mais extrovertida.

Neste capítulo, então, irei expor do que de fato é feito um líder, saindo da subjetividade e entrando no campo científico e prático. Para a base desta explicação, humildemente conectei meu trabalho com o de Daniel Goleman, psicólogo e professor da Universidade de Harvard. Mas antes de falarmos sobre o DNA da liderança eficaz, vamos entender a importância das emoções para os líderes.

1.1. POR QUE LÍDERES FALHAM?

Líderes falham não por possuírem pensamentos e sentimentos indesejados, mas por se deixarem ser sufocados por eles. Esta é uma tendência natural das pessoas, do ponto de vista biológico. Por exemplo, todo ser humano possui seu próprio fluxo interno de sentimentos e pensamentos, e isso inclui: medo, dúvida, angústia etc. Isso é resultado da evolução humana, é a mente agindo da forma como ela foi programada ao longo de milhares de anos, para prever problemas e antecipar potenciais armadilhas. Contudo, esses impulsos podem afetar diretamente o desempenho de líderes.

Executivos estão expostos a desafios emocionais de forma recorrente no trabalho, como ansiedade, estresse, inveja, decisões complexas, conflitos, medo de rejeição, pressão de acionistas etc. Isso se torna ainda pior com o avanço da tecnologia, estando ao alcance de um celular. Porém, lideres eficazes não suprimem essas experiências internas, em vez disso abordam os sentimentos e pensamentos de maneira consciente, produtiva e orientada por seus valores pessoais.

Esse processo é chamado de agilidade emocional, uma vertente da inteligência emocional que se caracteriza pela forma positiva de lidar com as emoções e reverter estados emocionais negativos, de forma ágil. Ou seja, ao invés de suprimir pensamentos e sentimentos na intenção de não demonstrar "fraqueza", líderes se permitem sentir tais emoções e buscam interpretá-las de forma otimista e produtiva. É possível desenvolver esta capacidade reconhecendo padrões de comportamento, identificando e rotulando sentimentos e emoções, aceitando-os e agindo posteriormente a partir de seus valores pessoais.

Estudos da neurociência sobre a relação entre atenção e cérebro demonstram que o foco exerce uma função extremamente profunda no desempenho profissional e na saúde. As emoções são uma forma do cérebro direcionar a atenção. Portanto, o controle emocional é de extrema importância para a produtividade, pois os sentimentos negativos emitem sinais ao cérebro, atraindo a atenção para problemas ou eventos passados, distanciando do que é de fato importante. Com isso, podemos afirmar que as emoções são como ímãs de atenção. Sendo assim, para desenvolver agilidade emocional, é necessário administrar o foco nas situações. Por exemplo, diante de uma adversidade no trabalho, um líder pode canalizar sua atenção e energia apenas no problema e em suas consequências ou pode reagir de forma otimista, focando nas oportunidades e aprendizados.

Vejamos o caso de um executivo de uma grande organização que tomou a decisão de investir milhões de reais na aquisição e implantação de um novo software de gestão para a empresa, mesmo com certa resistência das pessoas sobre este projeto. Durante este processo, as equipes trabalharam em jornadas maiores e assumiram novas funções, gerando um ambiente de estresse, cansaço e até conflitos internos. Três meses após a implantação, em reunião com demais diretores, chegou-se à conclusão de que o novo software não forneceu os ganhos de produtividade que se esperava e que o projeto havia estourado o orçamento e seu retorno de investimento demoraria anos. Imagine o sentimento de frustração e culpa do executivo que tomou essa decisão. Mas a questão em si não está na escolha ou não do sistema de gestão, mas sim em como ele irá lidar com as consequências dela.

Se essa decisão foi baseada em seus valores pessoais e, apesar dos resultados, ele obtiver um olhar otimista para o futuro, melhor irá reagir às críticas das pessoas. Além disso, quanto mais rápido ele conseguir reverter o estado das emoções negativas (inevitáveis em situações assim), mais rápido conseguirá se reerguer.

    Outro fator que pode influenciar ainda mais os líderes em desafios emocionais é o ego. Já presenciei diversos gestores comprometerem totalmente suas capacidades de liderança e não conseguirem se reerguer diante de dificuldades, devido aos seus egos inflados. Situações que confrontem suas percepções e convicções sobre si, tendem a gerar impactos emocionais ainda mais negativos nestas pessoas. Por isso, apesar de parecer clichê nos dias atuais, a importância da capacidade de autoconhecimento é ainda maior nos líderes. A contratação de psicólogos organizacionais competentes pode auxiliar muito os executivos neste processo.

1.2 QUAL O DNA DE UM LÍDER?

    Após desenvolver a teoria da inteligência emocional, Daniel Goleman focou seu trabalho no estudo de liderança. Em suas pesquisas, traçou um perfil psicológico dos líderes de sucesso, buscando identificar o que os diferencia dos demais. O fator semelhante entre os mais eficazes é o alto grau das inteligências emocional e social. As habilidades técnicas e cognitivas são realmente importantes, porém, no aspecto de relação com o ótimo desempenho, essas inteligências se mostraram duas vezes mais relevantes. Além disso, foi constatado que quanto mais alto o cargo dentro da empresa, passam a desempenhar um papel ainda mais significativo, chegando a posições onde habilidades técnicas se mostram irrelevantes (Goleman, 2015).

    Goleman (2015) afirma, então, que o fator determinante da liderança é a união da inteligência emocional com a inteligência social. Segundo ele, esses dois aspectos juntos são a chave da liderança eficaz e, para desenvolvê-los, é necessário aprimorar quatro macrocompetências socioemocionais, sendo duas delas emocionais (autoconsciência e autogestão) e as outras duas sociais (consciência social e habilidades sociais).

O lado emocional representa o quanto um indivíduo conhece de si e como os outros influenciam em seus pensamentos e emoções. Já a parte social representa o quanto este indivíduo conhece das pessoas a sua volta e como ele interfere nos pensamentos e emoções delas. Portanto, não existe um único quociente que defina o sucesso na liderança, mas sim a soma de aspectos sociais e emocionais, que, em maior ou menor escala, permitem influenciar e conectar pessoas de forma genuína.

No ano de 2019, realizei uma pesquisa acadêmica sobre competências essenciais para líderes, onde mapeei, em estudos científicos, especialistas de mercado e literatura sobre o tema, as habilidades e características fundamentais na liderança eficaz. Como resultado, identifiquei seis competências essenciais. Em resumo, após tudo isso, meu trabalho aqui foi utilizar os conceitos de competências socioemocionais de Goleman (2015) e incluir as que identifiquei em minha pesquisa como base da liderança e, com isso, estruturei uma matriz de competências socioemocionais de liderança (Figura 1).

Figura 1 – Competências socioemocionais de liderança

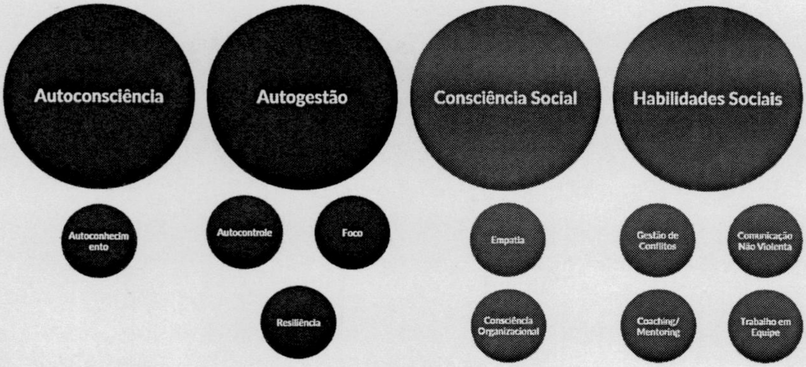

Fonte: o autor

Para desenvolver essas quatro esferas socioemocionais, é preciso aprimorar, então, as microcompetências elencadas em cada uma delas, que devem ser a base de programas de desenvolvimento de lideranças dentro das empresas. Na sequência, uma breve conceituação de cada uma delas.

1.2.1 AUTOCONSCIÊNCIA

- **Autoconhecimento:** compreensão das próprias emoções, fraquezas, forças, necessidades e impulsos. Pessoas com altos níveis de autoconhecimento realizam constantemente críticas realistas sobre si mesmas e tendem a aceitar críticas externas de forma construtiva.

1.2.2 AUTOGESTÃO

- **Autocontrole:** capacidade de controlar a forma como se reage aos impulsos biológicos e administrá-los a seu favor. Pessoas com altos níveis de autocontrole conseguem minimizar situações negativas, como retrair impulsos agressivos em momentos de raiva, ou se manterem estáveis sob estresse. É também relacionado com a automotivação.

- **Foco:** chamado também de controle cognitivo, é a competência de manter a atenção e energia em algo, apesar das distrações. Está conectado com o alcance de objetivos, entregas e resultados e com uma visão de onde se quer chegar.

- **Resiliência:** capacidade de se reerguer diante de uma situação de fracasso ou pressão, relacionada diretamente a mentalidade e ao emocional. A parte mental para encarar a realidade dos fatos com convicção, analisar a partir de uma perspectiva otimista e improvisar soluções. E, além disso, o controle emocional como base para reverter as situações e tomar decisões difíceis.

1.2.3 CONSCIÊNCIA SOCIAL

- **Empatia:** habilidade de compreender e considerar as emoções, percepções e motivações das pessoas, para processo de tomada de decisões inteligentes. É a capacidade sentir e entender os pontos de vista diferentes, mesmo de indivíduos com históricos de vida completamente diferentes. Sendo assim, empatia é a atenção canalizada nos pensamentos e emoções dos outros, para compreendê-los e, dessa forma, adaptar os comportamentos a isso.

- **Consciência organizacional:** visão sistêmica do todo, ou seja, é a atenção aplicada no ambiente a sua volta. Isso implica uma compreensão das normas e questões sociais envolvidas na organização, como: compreender conflitos, identificar pessoas influentes, entender as redes de relacionamento interna etc.

1.2.4 HABILIDADES SOCIAIS

- **Gestão de conflitos:** habilidade de negociar, mediar e resolver conflitos, identificando interesses e necessidades por trás das intenções das pessoas, para gerar soluções de ganhos mútuos.
- **Comunicação não violenta:** capacidade de influência e sincronia cerebral, gerando entendimento e experiência compartilhada para as necessidades e livre de ruídos. Comunicação que permite se conectar de forma genuína e profunda com as pessoas.
- **Coaching\mentoring:** desenvolvimento das pessoas. É a habilidade de ensinar e repassar conhecimentos por meio de perguntas direcionadas, reflexões e linguagem adequada para cada indivíduo.
- **Trabalho em equipe:** é o entendimento de que o bem coletivo é mais importante do que os interesses pessoais, a valorização da delegação e distribuição de tarefas, assim como o coleguismo e engajamento com a cultura e os objetivos a serem alcançados.

A partir do entendimento dessas competências, líderes e profissionais de recursos humanos devem estruturar PDIs (plano de desenvolvimento individual), com ações de aperfeiçoamento focadas em suas principais necessidades. Para auxiliar nesse processo, estruturei uma avaliação de competências socioemocionais de liderança, baseada nas pesquisas citadas, que apliquei em diversos gestores.

Recomendo fortemente que o leitor, neste momento, interrompa a leitura e faça sua autoavaliação.

A avaliação é dividida em duas etapas, sendo que a primeira delas consiste em elencar notas para as competências socioemocionais que estão divididas em duas perguntas, acrescentando um valor entre 1 e 10, conforme a legenda, e calcular a média das perguntas direcionadoras de cada competência, conforme exemplo na Figura 2.

Figura 2 – Exemplo de avaliação de competências socioemocionais

LEGENDA DE NÍVEIS DE COMPETÊNCIA PARA AVALIAÇÃO									
MUITO BAIXO			BAIXO		ALTO		MUITO ALTO		
1	2	3	4	5	6	7	8	9	10

Fonte: o autor

EMPATIA:

- Compreende o que motiva as pessoas da equipe, mesmo aquelas com experiências e via diferentes umas as outras?
- É sensível às necessidades dos outros?

A segunda etapa é transpor as médias de cada competência para o gráfico radar e unir os pontos, permitindo assim a visualização, de forma mais clara, das principais necessidades de desenvolvimento. A Figura 3 demonstra esse preenchimento.

Figura 3 – Exemplo 2 de avaliação de competências socioemocionais

Fonte: o autor

A partir dessa análise, o próximo passo é estruturar um PDI referente àquelas competências que possuem média abaixo de 6. No exemplo apresentado na Figura 2, o foco está em desenvolver ações relacionadas com empatia, gestão de conflitos e comunicação não violenta, ou seja, questões voltadas para as interações sociais. A seguir, a avaliação completa para aplicação.

1.3 AVALIAÇÃO DE COMPETÊNCIAS SOCIOEMOCIONAIS DE LIDERANÇA

LEGENDA DE NÍVEIS DE COMPETÊNCIA PARA AVALIAÇÃO									
MUITO BAIXO			BAIXO			ALTO		MUITO ALTO	
1	2	3	4	5	6	7	8	9	10

AUTOCONHECIMENTO ( )
Faz autoavaliação de forma realista sobre o seu trabalho? ( )

Tem clareza dos seus pontos fortes, fracos e impulsos emocionais? ( )

AUTOCONTROLE ( )
Consegue controlar os impulsos diante de um momento de raiva e estresse? ( )

Se mantém automotivado, não necessitando de incentivo dos outros com frequência? ( )

FOCO ( )
Mantém a atenção no que está fazendo, mesmo com distrações das pessoas e do ambiente? ( )

Tem clareza dos objetivos e metas e consegue traduzi-los para os desafios da área? ( )

RESILIÊNCIA ( )
Consegue reverter rápido um estado emocional negativo de um fracasso? ( )

Possui uma perspectiva otimista diante de grandes períodos de incerteza? ( )

EMPATIA ( )
Compreende o que motiva as pessoas da equipe, mesmo aquelas com experiências de vida diferentes das suas? ( )

É sensível às necessidades das pessoas e consegue sintonizar com o estado emocional delas, mesmo que não verbalizem? ( )

CONSCIÊNCIA ORGANIZACIONAL ( )
Tem clareza de como é a cultura e os valores da organização? ( )

Compreende as conexões sociais do ambiente como: quem são as pessoas mais influentes, redes de poder, quais as "alianças" e os conflitos internos? ( )

GESTÃO DE CONFLITOS ( )
Compreende as necessidades e interesses ocultos das pessoas diante de um conflito, mesmo quando não explícito? ( )

Busca sempre soluções com ganhos para ambos os lados envolvidos? ( )

COMUNICAÇÃO NÃO VIOLENTA ( )

Consegue motivar as pessoas na maior parte do tempo, conectando-se com o emocional delas? ( )

Expõe seus pedidos, demandas e opiniões de forma eficaz, sem julgamentos morais? ( )

COACHING/MENTORIA ( )

Investe tempo da sua agenda, energia e recursos em orientações e acompanhamento das pessoas na sua rotina? ( )

Fornece feedbacks de forma frequente e que sejam proveitosos de fato para as pessoas? ( )

TRABALHO EM EQUIPE ( )

Envolve as pessoas nas tomadas de decisão? ( )

Coloca os interesses do grupo acima dos interesses pessoais? ( )

Média geral:_____

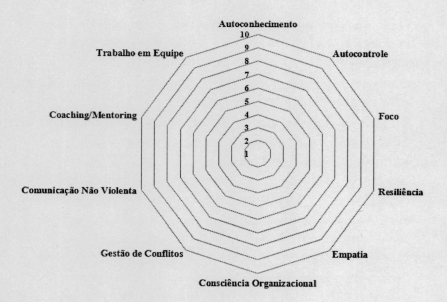

2.
COMO OS LÍDERES INFLUENTES CRIAM CONEXÃO COM AS PESSOAS

Há milhares de anos, nossos ancestrais pré-históricos corriam sérios riscos de sobrevivência. O mundo era um lugar extremamente hostil para o ser humano, onde praticamente tudo poderia nos matar, desde predadores óbvios, como tigres-dentes-de-sabre e lobos, até outros não tão óbvios, como cobras etc. Fisicamente falando, nós éramos muito inferiores em comparação com esses animais, mas como então conseguimos sobreviver e nos tornar a espécie dominante do planeta? A resposta pode estar na ponta da língua do leitor que tenha pensado em inteligência. De fato, não está errado quem pensou dessa forma; porém, talvez você esteja associando ao conceito tradicional de inteligência com que estamos acostumados, como QI (quociente de inteligência). O fator que nos fez prosperar enquanto espécie é o que chamamos hoje de inteligência social, que vimos no capítulo anterior.

Pense da seguinte forma, um ser humano há 70 mil anos, sozinho, por mais inteligente que fosse, dificilmente conseguiria caçar um mamute ou se defender de um tigre-dentes-de-sabre. Já 15 seres humanos juntos, se comunicando e se ajudando, conseguiriam caçar e se defender. É nesse cenário que nosso cérebro foi desenvolvido, portanto é programado para viver em grupos. Por essa razão, existe até hoje, de forma natural, a necessidade de lideranças, relacionamentos e solidariedade na sociedade. Estou abordando isso para que o leitor entenda que, do ponto de vista biológico e psicológico, tudo aquilo que nos une, nos torna mais fortes, tanto como grupo quanto como indivíduos. Em política e sociologia se usa a frase "dividir para conquistar", pois, justamente o oposto do que vimos, também é um fato que aquilo que nos separa, divide e segrega, nos torna mais fracos.

Não é à toa que certos políticos e donos de poder buscam criar divisões na sociedade, alimentando o ódio contra aqueles que se posicionam de forma diferente, para que enfraqueçam o grupo e assim possam assumir o controle das pessoas. Seria muito mais difícil conseguir dominar com uma comunidade unida, por isso o enfoque grande em criar polarizações. Líderes influentes compreendem isso e conectam as pessoas de forma profunda, tornando o grupo mais forte. Mas como fazem isso na prática?

Segundo Pillay (2016), líderes se manifestam em ambientes mesmo sem uma liderança formal hierárquica, sincronizando as suas ondas cerebrais com as das outras pessoas, por meio de uma comunicação de alta qualidade, ou também chamada de comunicação não violenta por Rosenberg (2021). A sincronia consiste em um processo neural onde frequência, escala e cumprimento das ondas do cérebro de duas pessoas se sintonizam. Com isso, obtém-se motivação, cooperação, criatividade, entendimento coletivo e foco das pessoas em prol de um mesmo objetivo.

A sincronização pode iniciar de forma consciente, quando o líder está focado no momento presente com as pessoas. Quando de fato tenta compreender o que estão sentindo no momento e entender seus pontos de vista sem julgamentos. À medida que observa as emoções em si mesmo e nos outros, junto de uma comunicação de alta qualidade, o cérebro sincroniza muito mais fácil (Pillay, 2016). Desse modo, podemos entender que os líderes se conectam de forma muito mais profunda, literalmente entram em sincronia com seus times. Mas, nos dias de hoje, estar atento as pessoas, torna-se cada vez mais difícil, principalmente com o avanço da tecnologia. As novas ferramentas on-line vêm com o intuito de aumentar a produtividade, contudo, nas interações digitais, perdemos muito de nossa capacidade de influência e conexão com as pessoas.

Goleman (2019) afirma que os olhos são as janelas da alma, mas eu diria que são as portas da alma, pois nos dão acesso direto para nos conectarmos uns com os outros. Existem muitas terminações nervosas próximas dos olhos e, dessa forma, pelo olhar é possível identificar o estado emocional e até mesmo pensamentos nas pessoas. Sendo assim, as interações digitais não nos permitem esse tipo de conexão.

Além disso, no meio on-line, nosso córtex pré-frontal, que é a região do cérebro responsável por frear impulsos nervosos, não recebe feedbacks de como agir socialmente. Por essa razão, pessoas tendem a ser rudes ou a falar coisas das quais se arrependem mais em interações digitais do que presenciais (Goleman, 2019).

    Não obstante, é comum vermos discursos de ódio em redes sociais que provavelmente não veríamos se os indivíduos estivessem frente a frente. Desse modo, o "olho no olho" é a forma mais eficaz de se comunicar, influenciar e criar conexão com as pessoas, porém exige presença, tempo e atenção do líder com as pessoas. Se você, leitor, trabalha no mundo corporativo há algum tempo, com certeza se deparou com uma situação em que, enquanto fala com seu chefe, ele mexe no celular sem parar, ao mesmo tempo que lhe responde sem contato visual algum. Ou então, ao receber um feedback via mensagem de texto, tentou imaginar qual o tom de voz do que foi dito, ou se é algo positivo ou negativo. Essas são maneiras bem fáceis e rápidas de se quebrar a conexão com os outros.

    Outras pesquisas da neurociência identificaram uma célula no cérebro chamada de neurônio-espelho, que tem por característica imitar ou espelhar estímulos vindos de outras pessoas, conforme apresenta Goleman (2015). Essas células funcionam quase como um Wi-Fi, recebendo as informações externas e replicando-as da mesma forma. Isso tudo se aplica na liderança, quando, consciente ou inconscientemente, as pessoas identificam as emoções e comportamentos do líder, e com isso seus neurônios-espelho são ativados, reproduzindo as mesmas emoções. Portanto, um líder tem a capacidade de induzir as pessoas a terem os mesmos sentimentos e comportamentos que ele, gerando uma experiência compartilhada. Mais uma vez, não há como acionar neurônios-espelho pelo computador, é necessário presença física e mental.

    Essas conexões cerebrais são muito poderosas, imagine de forma consciente acionar as emoções certas e os comportamentos desejados nos liderados. Mas isso tudo pode funcionar tanto de forma positiva quanto negativa.

    Quando fui colaborador de empresas, sempre me considerei uma pessoa que lidava bem com a pressão do trabalho e velocidade do mundo corporativo, provavelmente pelo meu histórico de treze anos no esporte, sendo seis deles dedicados a competições nacionais e internacionais. Porém, durante um período em que atuei na área de treinamento e desenvolvimento de uma grande organização de logística, tive uma chefe que realmente não sabia lidar com a pressão do dia a dia de uma posição de liderança. Ela era extremamente ausente para o time, pois estava sempre andando de um lado para o outro, resolvendo assuntos que acabavam de chegar e comumente estava envolvida em diversas reuniões não planejadas. Quando estava em sua mesa, reclamava de forma constante que não seria possível entregar as demandas da área e era perceptível sua ansiedade quanto a isso, chegando a ficar ofegante diversas vezes.

Um dia, explodi com uma colega de trabalho, me exaltando na comunicação, de forma sem precedentes. Na mesma semana, me senti ansioso em relação a projetos em que estava envolvido, mesmo que estivessem adiantados em relação aos prazos, e ainda discuti com minha namorada da época, algumas vezes, algo que não era comum com tanta frequência. Percebi então, que eu estava passando por um momento de estresse e aparentemente, para mim, sem algum motivo claro. Certa vez, minha chefe tirou férias do trabalho, ficando um período longo afastada. Exatas duas semanas após sua saída, notei que meu estresse e ansiedade reduziram e voltei, aos poucos, a ser aquela pessoa que lida bem com a pressão diária. Foi nesse momento que percebi que estava sendo influenciado negativamente pela minha chefe, mesmo que não percebesse e não fosse de sua intenção. Posteriormente, com os conhecimentos que possuo hoje, compreendi que meus neurônios-espelho estavam sendo ativados pelos comportamentos e emoções dela, no caso relacionados a ansiedade e estresse, e replicando-os da mesma forma. Este é um exemplo que vivenciei de como estímulos dos líderes podem influenciar no emocional e quebrar a conexão com as pessoas.

Daniel Goleman (2019) afirma que líderes que geram mais resultados despertam até três vezes mais sorrisos em seus liderados do que aqueles que apresentam resultados medianos. Gerar sorrisos nas pessoas é apenas a consequência da sincronização feita de forma eficaz. Outros experimentos sociais apresentados pelo mesmo autor demonstram que o líder de um local é a pessoa com o semblante emocional mais expressivo. Ou seja, a pessoa que mais expressa suas emoções no ambiente, de forma não verbal, é a que lidera as outras. Isso ocorre tanto de forma positiva quanto negativa.

Nos experimentos com pessoas comuns aguardando entrevista de emprego, Goleman (2019) também apresenta que, quando um ator contratado começava a expressar com gestos e fala emoções negativas de forma enfática, foi constatado que as demais pessoas entravam em um estado emocional negativo. Na situação oposta, quando o ator enfatizava emoções positivas, os demais envolvidos entravam em um estado positivo de emoções e pensamentos. Dessa forma, quem melhor expressa as emoções, lidera o ambiente, mesmo sem perceber. Inclusive, muitas vezes quem tem o cargo hierárquico não necessariamente está liderando o time, em termos emocionais.

Talvez os conceitos apresentados até aqui possam parecer um pouco teóricos demais para você que me lê, mas é preciso entendermos o que está por trás da liderança eficaz, para, a partir disso, trazermos para a prática. Porém, já adianto, se o leitor está procurando fórmulas mágicas, que se apliquem a todas as ocasiões e pessoas, prontas para colocar em prática, terei que desapontá-lo. Inclusive, não acredito em tais fórmulas, afinal, o ser humano é complexo, com suas singularidades e seria ingenuidade ou até mesmo falta de ética se eu prometesse algo aqui, de forma simplista, que transformasse em algumas páginas chefes em líderes influentes.

Lembro-me de uma vez, em um programa de desenvolvimento de lideranças que estruturei em uma empresa, eu havia passado no início, como tarefa de preparação, a leitura de um livro, que era base de meus treinamentos. No último módulo do programa, depois de quatro meses da tarefa, perguntei para a turma se todos haviam lido o livro que indiquei. Na mesma hora, um gerente comercial levantou a mão e falou de forma debochada: "Gabriel, depois manda um áudio com o resumo, não temos tempo pra isso". Confesso que fiquei irritado, pois esse mesmo gestor estava diversas vezes mexendo no celular nos treinamentos e costumava fazer piadas fora de contexto, interrompendo os instrutores. Mas, apesar disso, respondi da seguinte forma: "Desculpe te desapontar, mas em liderança não há resumos, nem atalhos, nem caminhos fáceis. Para ser um líder, é necessário fazer o que precisa ser feito e se esforçar". Por isso, afirmo que não há fórmulas mágicas nem ferramentas prontas que se aplicam a todas as situações.

Liderança é um exercício diário e que exige autorreflexão constante. Portanto, meu intuito maior neste livro, com estudos, comprovações e exemplos, é provocar o leitor, a todo momento, sobre seus comportamentos na liderança. Mas logo mais veremos de forma mais prática tudo isso que foi apresentado até aqui.

2.1 CONEXÕES EMOCIONAIS

O erro de muitos gestores é pensar que engajamento, motivação e satisfação são gerados pelo aspecto racional das pessoas, quando, na verdade, o segredo está no emocional. Pinker (2021) afirma que pensar no ser humano como um ser racional é quase que uma ilusão. As pessoas tomam decisões e agem a partir das emoções, embora possam pensar o contrário. Sendo assim, para criar conexões com o time, líderes devem acessar as emoções certas nos liderados e anexá-las nas tarefas que precisam ser realizadas. Para exemplificar melhor o poder das emoções sobre nossas ações, imagine a seguinte situação:

Você põe como sua meta individual começar na segunda-feira a fazer exercícios físicos depois do trabalho, para entrar em forma e ficar com o corpo sarado. Chega então o primeiro dia, você acorda atrasado, pois esqueceu de colocar o despertador. No trânsito a caminho do trabalho, um homem corta a sua frente com o carro e xinga-o fazendo gestos obscenos. Chegando na empresa, recebe uma bronca de seu chefe pelo atraso, depois ouve desaforo do seu principal cliente, por conta de um erro de um colaborador e, em seguida, tem uma conversa difícil com este mesmo liderado que cometeu o erro. Ao final deste dia, você chega em casa depois do horário, exausto e com fome, pois não comeu direito no expediente e resolve se sentar para um lanche rápido para ir treinar na sequência, conforme sua meta. Ao sentar no sofá, sente que todo o peso deste dia cai sobre seus ombros e é quase como se o sofá te abraçasse.

A pergunta é: qual a chance de você se levantar depois de comer e ir fazer os exercícios físicos? Muitas pessoas respondem zero, algumas que mínima chance e poucas respondem que iriam treinar mesmo assim. A questão é que mesmo aqueles disciplinados teriam menor chance de fazer o programado do que se tivessem tido um dia menos desgastante física e mentalmente.

Agora imagine uma segunda situação, muito parecida, neste mesmo dia, passando por tudo aquilo que foi descrito, mas, ao sentar no sofá, você vê seu filho pequeno, pet, ou algum ente querido, ardendo em febre e gemendo de dor. Não preciso nem perguntar para saber que a maioria iria levantar correndo para ver o que aconteceu e levá-lo ao hospital. A questão então é: o que mudou de um exemplo para o outro? A resposta deve estar na ponta da língua do leitor neste momento, mas, resumindo, o que mudou foi o fator emocional. É óbvio que a emoção atrelada a um ente querido seu é muito maior do que ter um corpo bonito, ou estar em forma.

Em ambos os cenários citados, você estava cansado e sabia que precisava levantar do sofá, entretanto, quando anexamos uma forte emoção no contexto, você levanta e faz o que precisa ser feito com muito mais facilidade. O papel do líder, então, é identificar a emoção certa em cada colaborador e conectá-la com os objetivos e tarefas da área. Todo líder experiente já deve ter presenciado uma situação em que repassou uma demanda importante para um colaborador, exatamente o que e como precisava ser feito e, mesmo assim, não foi executada. Isso prova mais uma vez que a racionalidade nos mostra o que devemos fazer, mas a emoção certa é o que nos faz agir.

Mas o que de fato são emoções? São nada mais do que reações químicas em nosso corpo, produzidas pelo cérebro para reagirmos aos estímulos, com o intuito de sobrevivência (Vasco, 2013). Por exemplo, quando sentimos raiva, nosso corpo produz, entre outras coisas, cortisol e adrenalina, que são hormônios de estresse, e, a partir disso, várias respostas fisiológicas ocorrem, como batimento cardíaco acelerado, pupila dilatada e suor.

Existem algumas classificações das emoções humanas apresentadas por Vasco (2013), iremos focar em apenas três aqui. Partindo das emoções primárias adaptativas, que têm a função principal de reagir ao meio visando à sobrevivência e melhor adaptação. São elas: a alegria, frente a acontecimentos desejados; a tristeza, diante a perda; o medo, frente a um perigo; e a raiva e nojo, diante da violação de alguma fronteira. Há também as emoções aprendidas não adaptativas, que são as citadas anteriormente, porém anexadas a memórias e experiências, como, por exemplo, o medo de ter relações profundas por causa de uma traição do passado. E, por fim, as emoções secundárias, que acontecem quando uma emoção se sobrepõe a outra. Esses conceitos são perfeitamente explicados no filme *Divertida Mente*, aliás, esta obra nos ensina muito sobre psicologia e como funcionamos, não apenas para crianças, mas principalmente para adultos. Se o leitor não assistiu a esse filme, recomendo fortemente que o faça com toda a família.

Quando um líder consegue motivar um colaborar diante de um erro ou momento de frustração, está acessando suas emoções secundárias, sobrepondo-as às emoções negativas relacionadas com a situação. Já quando o líder conecta o atingimento de uma meta ou entrega de um projeto com a possibilidade de obter condições de proporcionar um futuro melhor à família, está acessando emoções apreendidas e, toda vez que o colaborador pensar sobre o objetivo a ser alcançado, literalmente irá sentir emoções positivas relacionadas a sua família.

Certa vez, ao pedir a um mecânico de uma grande indústria na área naval para que ele fosse mais engajado com o projeto que eu estava implantando e que fizesse o que havia proposto, pois era o único que não estava cumprindo com as atividades, recebi a seguinte resposta: "Olha, Gabriel, eu vou fazer isso e garanto meu comprometimento, só porque é você que está pedindo e quero te ajudar. Pois não estou mais preocupado com a empresa". Não está em julgamento aqui a postura dele, mas neste momento entendi que, de alguma forma, em nossas interações anteriores, despertei o sentimento de gratidão nele e isso foi o suficiente para que ele fizesse algo que não queria, mesmo não estando mais contente com a empresa em que trabalhava. Este é outro exemplo de como líderes podem acessar emoções positivas nos colaboradores, pelo sentimento de gratidão, por algo feito de forma genuína.

Independentemente da classificação que vimos, líderes devem ter a consciência de quais emoções seus comportamentos e sua comunicação estão acessando nos liderados. Imagine esta interação como o espectro de luz do famoso experimento de Isaac Newton, onde um raio de luz é projetado em direção a um prisma de cristal, o qual o reflete e o divide em cinco feixes que correspondem às cores do arco-íris. Neste caso, o estímulo do líder é projetado nos circuitos sociais dos cérebros dos liderados, acessando o "espectro" das suas emoções. A Figura 4 ilustra este esquema.

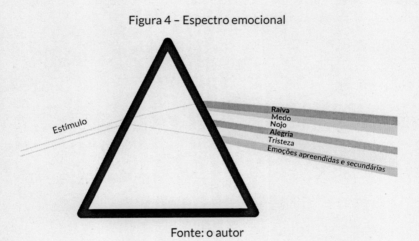

Figura 4 – Espectro emocional

Fonte: o autor

O que gestores de organizações têm dificuldade em entender é que cada colaborador possui seu próprio espectro emocional, e o desafio então é saber acessar a cor (emoção) ideal no momento e conectá-la com os objetivos e tarefas. Para alguns, o caminho para esse fator são os filhos e família; para outros, pode ser a compra da casa própria; ou ainda, pode ser crescimento profissional e aprendizado.

Conhecer esses fatores exige do líder tempo, energia e interesse genuíno, mas, com certeza, gera muito mais resultados no médio e longo prazo do que simplesmente delegar tarefas e repassar responsabilidades. Uma forma eficaz de identificar tais fatores e acessar as emoções nas pessoas é relacionar com suas necessidades e interesses pessoais. No capítulo cinco, compreenderemos melhor exemplos do que são interesses e necessidades e como supri-los a fim de gerar cooperação. Mas por enquanto, líderes devem se perguntar neste momento: quais emoções estou acessando em meus liderados? E quais estímulos estou enviando para eles diariamente?

    Se eu pudesse resumir o que é liderança em uma frase, diria que é a arte de criar conexões emocionais com as pessoas. Essas conexões podem não ser tão simples de serem criadas, como vimos, envolvem tempo, energia e presença do líder, mas, por outro lado, são facilmente quebradas. No próximo capítulo veremos melhor como isso funciona no dia a dia das organizações.

3.
A LIDERANÇA RESSONANTE

Podemos reduzir as teorias em dois modelos de liderança, ressonante e dissonante. Esses dois termos, usados hoje nos campos da neurociência, têm origem na física. Segundo Correia (2013), a palavra *ressonância* vem do latim *ressonare*, que significa fazer eco. De modo simples, esse conceito é um fenômeno em que um corpo emite uma frequência de oscilações de onda, que se sincroniza com a frequência de outro. Já dissonância tem significado primitivo, som áspero ou desagradável, ou seja, algo que causa desarmonia (Correia, 2013). É o efeito oposto da ressonância, quando um corpo quebra essa sincronia com outro.

Liderança ressonante, então, é aquela em que o líder influencia o time pela sincronia cerebral mediante comportamentos eficazes e comunicação não violenta, acessando as emoções certas nos liderados e conectando-as aos objetivos e tarefas, conforme vimos no capítulo anterior. Já na liderança dissonante, o gestor lidera pela distância emocional, causando o efeito oposto. Correia (2013) afirma que apatia, medo ou silêncio profundo são características de grupos geridos por líderes dissonantes. Portanto, o que diferencia os dois modelos são os comportamentos e estilo de comunicação. Vejamos na Figura 5 as principais diferenças entre esses modelos.

Figura 5 – Liderança Dissonante x Ressonante

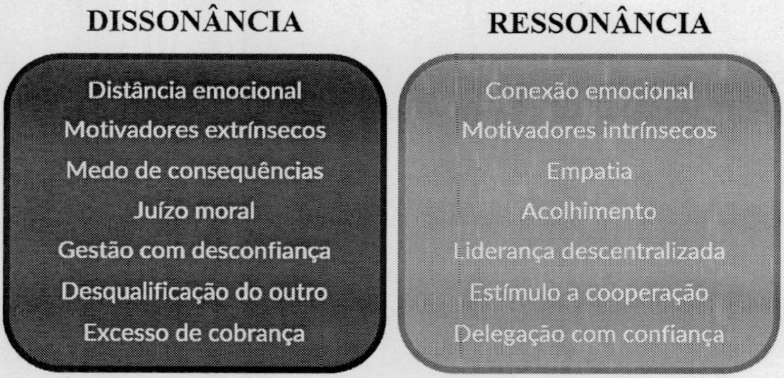

DISSONÂNCIA	RESSONÂNCIA
Distância emocional	Conexão emocional
Motivadores extrínsecos	Motivadores intrínsecos
Medo de consequências	Empatia
Juízo moral	Acolhimento
Gestão com desconfiança	Liderança descentralizada
Desqualificação do outro	Estímulo a cooperação
Excesso de cobrança	Delegação com confiança

Fonte: o autor

Analisando essas diferenças, talvez possa parecer para o leitor que seja simples ser um líder ressonante, ou que seja fácil identificar a dissonância na gestão. A Figura 5 faz apenas uma alusão a esses dois modelos, a verdade é que, na prática das organizações, a dissonância é muito mais sutil do que se imagina. Um exemplo de comportamento dissonante, ou seja, que quebra a conexão com as pessoas, é fofoca. Quando um chefe compactua com fofocas entre os membros do time, está contribuindo para um clima de desconfiança, além de criar uma distância emocional entre as pessoas do grupo, isto é, incentivando relações mais impessoais e frias. O simples fato de falar mal de um colaborador ou ouvir um liderado fazer isso sem consequências pode minar a liderança de um gestor e reduzir muito sua capacidade de influência e engajamento com o time.

Fofoca é apenas um comportamento dissonante na liderança, dentre tantos outros exercidos por gestores diariamente, sem que percebam ou tenham consciência do real impacto. Negligenciar uma pessoa do time, independentemente do motivo, talvez seja um dos piores desses comportamentos. É muito comum chefes se afastarem de colaboradores que estão desmotivados e com baixo desempenho. Após algumas cobranças por resultados e até feedbacks, sem melhora, o gestor tende a não envolver o colaborador nos projetos e decisões, não o convida para almoços, exclui-o dos grupos de conversa e delega a ele cada vez menos tarefas e responsabilidades. Este acaba sendo um ciclo vicioso e quanto mais o gestor se afasta fisicamente e emocionalmente do subordinado, mais o subordinado se afasta do gestor e menor é seu desempenho. Negligenciar alguém, seja por performance, afinidade ou outra razão, traz impactos muito negativos para todo o time. Quando um colaborador não está motivado e engajado, ou quando existe algum conflito com a gestão, em situações assim, o líder deve estreitar ainda mais a sua relação, e não o oposto. Por mais que não goste muitas vezes da pessoa, ou possam parecer "birra" seus comportamentos.

Como vimos no capítulo anterior, tudo aquilo que nos divide e afasta uns dos outros, nos torna mais fracos enquanto grupo. Portanto, todo comportamento que cria segregações dentro do time, acaba se tornando dissonante, quebrando a conexão entre as pessoas. Líderes que exercem favoritismo entre os liderados, que ignoram conflitos internos no time e fazem críticas a um colaborador para outro, promovem dessa forma clima de desconfiança e egoísmo, e enfraquecem seus times.

A liderança dissonante ocorre fortemente também na forma de se comunicar com os liderados. Kohlrieser (2006) chama alguns desses comportamentos de bloqueadores do diálogo, ou seja, ações que fazemos que desestimulam o diálogo e, por consequência, quebram facilmente a conexão com as pessoas. Como, por exemplo, quando interrompemos o momento de fala de alguém, ao expor uma opinião ou ideia, geramos sentimento de desvalorização e desestimulamos esta pessoa a manifestar suas opiniões novamente. Costumo chamar gestores que fazem isso com frequência de "Chefe Faustão", já que faz as perguntas, ele mesmo as responde e ainda dispensa as pessoas na sequência. Quem já teve contato com este tipo de chefe, sabe como é sair de uma conversa com a sensação de frustração por não ter conseguido falar tudo aquilo que pretendia quando o procurou. Seguem alguns exemplos desses bloqueadores do diálogo e comportamentos dissonantes na comunicação:

- **Interromper o momento de fala:** gera sentimento de desvalorização das ideias e opiniões.

- **Passividade:** não interagir ou focar em outras coisas durante o diálogo, passa a sensação de desinteresse nas pessoas.
- **Excesso de críticas:** criticar a todo momento ou fazer comentários pessimistas e não construtivos.
- **Não responder perguntas:** ou respostas rasas demais, geram sentimento de subestimação.

3.1 A ARTE DE FAZER CONVITES

Em meus treinamentos e mentorias em empresas, gosto de abordar o conceito de "convites". Faço a analogia de que a todo momento, em nossas interações, estamos enviando convites paras as pessoas, por meio de nossa comunicação e comportamentos. Por exemplo, quando gritamos com alguém, estamos convidando esta pessoa a gritar conosco de volta. Isso se aplica em todas as nossas relações, como quando um pai é autoritário demais com seu filho, convida a criança a ser reclamona e birrenta, em termos populares; ou quando um marido negligencia a esposa, está convidando-a ao distanciamento. Obviamente, na liderança não é diferente, líderes enviam convites aos membros do time a todo o momento e vice-versa.

A analogia dos convites, na verdade, parte de um conceito da psicologia abordado por Beck (2021) chamado modelo cognitivo. Este compreende que em nossas interações, a partir de um estímulo externo (situação ou evento), nossa mente gera pensamentos automáticos, baseados em nossas memórias e experiências, e esses pensamentos geram emoções, comportamentos e reações fisiológicas correspondentes. Sendo assim, podemos entender que nossos comportamentos e comunicação são eventos que desencadeiam esse modelo nos outros e da mesma forma o contrário. Ou seja, a todo momento "convidamos" as pessoas a agirem (ou reagirem) de determinadas maneiras.

Assim como em outros meios sociais, os convites podem ser aceitos ou recusados. Quando alguém adota uma comunicação violenta conosco, está nos convidando a agirmos da mesma forma, porém temos a opção de adotarmos uma comunicação não violenta em resposta.

Afinal, no modelo cognitivo de Beck (2021), nossas emoções, fisiologia e comportamentos respondem de acordo com nossas percepções sobre as situações. Em outras palavras, temos a opção racional de interpretar os estímulos e pensamentos, para alterarmos as reações que estes nos causam e controlarmos nossos comportamentos. Claro que, na prática do dia a dia, não é tão simples. Por isso, a importância de líderes participarem de processos de mentoria\coaching e buscarem sempre feedbacks de liderados e colegas.

A Figura 6 nos mostra estas interações entre líder e liderado, com exemplos de comportamentos e estilos de comunicação (convites) e respectivos pensamentos, emoções, comportamentos e estilos de comunicação (respostas) dos liderados. Chamaremos essas relações de circuitos de relacionamento. Quando as interações são negativas (cor vermelha), representam circuitos dissonantes; quando são positivas (cor verde), representam circuitos ressonantes de liderança.

Figura 6 – Circuitos de comportamentos dissonantes e ressonantes

Fonte: o autor

Obviamente, as relações humanas são complexas e não podem ser reduzidas apenas a esquemas lógicos como 1+1 = 2. Mas, na prática das organizações, esses circuitos são uma excelente forma de obtermos consciência de nossos comportamentos e comunicação e como estamos influenciando as pessoas. Sempre afirmo em meus treinamentos que, para sabermos como está sendo a liderança de um gestor, basta analisarmos os comportamentos dos liderados.

Se o time é egoísta e rebelde ou então faz muitas reclamações e fofocas, muito provavelmente o líder é autoritário e faz gestão por críticas, punições, negligência e julgamentos morais, por exemplo. Já quando as pessoas são imaturas, incompetentes ou descompromissadas, o líder pode ser permissivo demais, não sendo firme quando precisa e muitas vezes realizando as atividades no lugar dos colaboradores. E quando o time em geral tem espírito de cooperação, empatia, solidariedade e confiança entre eles, muito provavelmente o líder orienta ao invés de criticar, acolhe ao invés de punir, e aconselha sem julgar as pessoas. Baseado nisso, fica outra pergunta que líderes devem se fazer: quais convites venho fazendo para meus liderados, líderes e colegas diariamente? Pois eles estão definindo sua liderança.

3.2 O LADO OBSCURO DA LIDERANÇA

A tríade sombria abordada por Goleman (2019) conceitualiza três traços de personalidade considerados disfunções nas relações humanas. O primeiro, o narcisista, percebe-se melhor e superior às pessoas a sua volta, sendo seu ego o centro das atenções. Dessa forma, tem a mentalidade de que os outros devem-lhe servir. Já o segundo, o maquiavélico, põe seus interesses pessoais acima de tudo e a qualquer custo. Por essa razão, possui a mentalidade de que os fins justificam os meios e, sendo assim, não se importa de prejudicar pessoas para conseguir o que quer. Mesmo com a consciência de que estas ações são consideradas errada. Por fim, o terceiro traço de personalidade, o psicopata, compreende o outro como objeto, sujeito às suas vontades. Pode ser confundido com o maquiavélico, mas a grande diferença é que este visa sempre a um interesse pessoal, já o psicopata desassocia as pessoas de seres como ele. Isso ocorre por disfunções nas áreas do cérebro relacionadas com a empatia e compaixão. Com isso, mesmo que racionalmente entendam que os outros são pessoas, emocionalmente não há conexão e, por essa razão, podem ser cruéis com elas.

Aos olhos do leitor, a tríade sombria talvez possa parecer algo distante de seu cotidiano, pois esses são traços de personalidade mais extremos e, obviamente, aqui abordei-os de forma simplista. São muito mais complexos do que imaginamos, mas também mais comuns. Em menor grau de intensidade, esses comportamentos e mentalidades são encontrados em nossos ciclos sociais, inclusive no trabalho. Isso está totalmente relacionado com a liderança dissonante, que, como já mencionado, é sutil e está presente nos pequenos comportamentos diários. Contudo, o impacto negativo dos líderes dissonantes é muito maior do que se imagina. A seguir, alguns estudos científicos que comprovam tudo isso.

Boyatzis *et al.* (2012) apresenta um estudo medindo atividade cerebral de colaboradores de empresas que identificou que memórias relacionadas a líderes ressonantes potencializavam o funcionamento em regiões do cérebro chamadas de circuitos sociais, atreladas principalmente a empatia, compaixão e solidariedade. Já memórias relacionadas a líderes dissonantes reduziam ou inibiam esses circuitos nos participantes do estudo. Isto é, de forma simples, um líder dissonante, quando enfático, torna os colaboradores menos empáticos e solidários entre si, ou seja, os torna mais egoístas. Características essas presentes em maior escala em psicopatas, como vimos.

Segundo a Science Daily (2017), chefes tóxicos podem potencializar o desenvolvimento de transtornos neuropsiquiátricos nos membros do time, como depressão e ansiedade, além de prejudicar suas carreiras. Existem vários fatores que podem influenciar nesse processo, porém foi comprovado que um líder dissonante é um dos principais. Além disso, quando relacionado a carreira e reputação profissional, foi constatado que mesmo colaboradores éticos e com boa conduta estavam sujeitos a adotar comportamentos prejudiciais, por influência da liderança. Portanto, "chefes tóxicos são ruins para sua saúde e reputação" (Science Daily, 2017, tradução livre).

Outras pesquisas, apresentadas por Slaughter (2018), medem os efeitos psicológicos das relações de poder. Todo indivíduo tem capacidade de influenciar emoções e pensamentos nas pessoas, contudo o que foi comprovado é que quando existem relações de poder envolvidas, essas capacidades de influência são potencializadas. Sendo assim, líderes causam mais efeitos psicológicos nos colaboradores do que outras pessoas, podendo piorar questões já negativas, como assédio no trabalho, por exemplo.

A intensão aqui não é assustar o leitor, mas sim trazer consciência dos impactos da dissonância e relações de poder sobre as pessoas. Mesmo que não de forma explícita, existem responsabilidades da liderança quanto à saúde física e mental dos colaboradores, embora isso não seja dito no momento da entrevista de emprego ou na promoção. Apesar disso, líderes assumem sem saber. Esta é uma crítica que faço às empresas, por não terem clareza dessas responsabilidades e impactos, mas, por outro lado, não faz sentido esperar que gestores e profissionais de recrutamento repassem isso, se nem mesmo eles têm essa consciência. Espero aqui, então, poder fazer este papel de trazer isto aos líderes sobre os seus impactos nos liderados. Por essa razão, a importância de programas de desenvolvimento nas empresas e profissionais externos que possam agregar esses conhecimentos. Em relação à liderança ressonante, vamos entender melhor como aplica-la na prática, com estratégias e técnicas, nos próximos capítulos.

4.
SEIS FORMAS EFICAZES DE LIDERAR

Na obra clássica *O monge e o executivo*, Hunter (2004) define a liderança como a habilidade de influenciar pessoas para trabalharem entusiasticamente, visando atingir os objetivos identificados como sendo para o bem comum. Partindo desse princípio, é possível exercer o papel de líder de diferentes formas, visando sempre influenciar de forma positiva as pessoas e atingir grandes resultados.

No capítulo anterior, compreendemos os dois principais modelos de liderança e que estão diretamente relacionados ao comportamento do líder. Contudo, dentro da liderança ressonante, existem diversos comportamentos e estratégias que podem ser adotados. Diante disso, Goleman (2015) afirma que, segundo pesquisas com base nas competências socioemocionais, existem seis perfis de liderança presentes nos líderes eficazes. Esses perfis não são traços psicológicos, mas sim padrões de comportamento dos líderes. A seguir, será apresentado cada um deles.

4.1 VISIONÁRIO

Este perfil demonstrou, nas pesquisas, ser extremamente eficaz em gerar resultados rápidos. Não é aquele que se utiliza somente de um cargo hierárquico para que as pessoas o obedeçam. Este é um perfil que fornece a visão clara, são os líderes que sabem exatamente onde querem chegar e inspiram os outros a quererem estar lá, utilizando de sua excelente comunicação. Caracterizam-se pelo foco em metas, objetivos claros e são compromissados com a missão da empresa. A liderança visionária consiste, então, em ter uma estratégia clara e fornecer ao time as condições necessárias para atingi-la. Barack Obama utilizou muito bem deste estilo, sendo considerado um dos melhores oradores de seu tempo, por conta de seus discursos motivantes. Com a famosa frase "yes we can" (sim, nós podemos), seu slogan, motivou milhares de pessoas para sua visão de país.

4.2 COACH

Como o próprio termo já exemplifica, o líder coach atua como um treinador para seu time, focando no desenvolvimento de competências, orientações para a carreira e formulação de metas individuais e em grupo. Por meio de questionamentos, perguntas poderosas e tarefas desafiadoras, os líderes motivam e desenvolvem as pessoas. Este estilo também se caracteriza pela capacidade de delegar e percepção aguçada para identificar pontos fortes e fracos no time. Uso sempre como exemplo de líder coach o ex-técnico da seleção brasileira de vôlei Bernardinho, especialista em desenvolver times de alta performance. Em algumas palestras que assisti dele, entendi melhor a sua percepção quanto ao aprimoramento de pontos fracos da equipe e, ainda, ouvi histórias de que realiza treinos táticos mesmo nos dias de competição. Treinar as pessoas é uma característica-chave de líderes treinadores.

4.3 AFILIATIVO

A liderança afiliativa consiste em gerir a empresa e a equipe levando em consideração as emoções das pessoas. Este perfil pode ser identificado em líderes que realizam almoços e confraternizações fora do expediente, ou, então, realizam reuniões para ouvir as opiniões e pontos de vista de cada um. Este estilo foca no ambiente harmonioso, na satisfação das pessoas e em criar conexões emocionais entre elas. Algumas competências-chave de líderes afiliativos são: gestão de conflitos, empatia e sincronização. Acredito que o melhor exemplo seja Jesus Cristo, que provavelmente tenha sido o maior líder afiliativo da história. Independentemente de crença religiosa, que, por sinal, não sou cristão, é inegável a capacidade de Jesus de conectar pessoas e sincronizar com elas e apaziguar relações de conflito, a partir do emocional e clima harmonioso. A ponto de, mais de dois mil anos após sua morte, continuar conectado com elas. Talvez ele tenha utilizado de forma quase plena todos os estilos apresentados aqui; por exemplo, quando apresentou a ideia de um reino em outra vida, adotou um estilo visionário. Porém, seu estilo afiliativo, agregador e conector se destaca fortemente também.

4.4 DEMOCRÁTICO

Este perfil é definido como aquele que envolve o time nos processos de tomada de decisão. O líder democrático é aquele que constrói uma ideia ou estratégia junto com as pessoas envolvidas, ouvindo pontos de vista diferentes, analisando as percepções e estimulando a criatividade do grupo. Como resultado, é gerado maior engajamento, o aumento da capacidade de inovação e os colaboradores sentem-se mais satisfeitos, pois participam das decisões que irão impactar diretamente no trabalho e em suas carreiras. Contudo, é necessário atenção neste estilo, para que as reuniões com o time não se tornem maçantes e improdutivas. Tive a oportunidade de conhecer um diretor de multinacional que exerceu inúmeras vezes o papel de líder democrático, quando fazia encontros diários com gestores do chão de fábrica para compreender os problemas e demandas da operação. Ele sabia que era lá que as coisas aconteciam e as pessoas que lá atuavam é que teriam percepções realistas das dificuldades e também as competências para acharem soluções.

4.5 MARCADOR DE RITMO

A liderança marcadora de ritmo é uma forma arriscada de liderar e que deve ser usada com consciência e apenas no momento certo. Este estilo consiste em definir padrões de desempenho e utilizá-los para atingir grandes resultados. Ou seja, o líder dita o ritmo do time, com metas, objetivos diários, tarefas, e estratégias, utilizando de muita energia e liderando pelo próprio exemplo. Apesar de ser muito eficiente em atingir resultados quando bem utilizado, no caso contrário pode trazer muitos pontos negativos, como: frustração do time, falta de confiança por terem pouca autonomia, estresse por cobranças excessivas e clima organizacional negativo. Winston Churchill desempenhou bem este papel, extraindo o melhor de cada um nas circunstâncias da guerra. Aliás, este estilo é muito comum na área militar e também no esporte, onde os padrões de performance são extremamente elevados.

4.6 COERCIVO

Dentre todos os estilos de liderar, este deve ser o mais evitado. Isso porque o estilo coercivo se caracteriza por redução de recursos, ou seja, corte de pessoas, de verba, eliminação de divisões da empresa etc. Quando mal utilizado, este perfil de líder pode acabar com o clima organizacional, além de desestimular a comunicação interna e formulação de ideias. Portanto, a liderança coerciva deve ser utilizada apenas em momentos extremos, como grandes crises, por exemplo. Eu citaria como líder coercivo Donald Trump, que durante seu governo tomou inúmeras decisões difíceis e impopulares, que na sua visão, e de seus seguidores, foram necessárias.

4.7 QUAL O MELHOR PERFIL DE LÍDER?

Diante desses perfis apresentados, um questionamento pode vir a mente do leitor: qual o melhor perfil de líder? A resposta é que não existe um melhor. As pesquisas apontam que os líderes mais eficazes não são aqueles ou aquelas que adotam um perfil específico, mas sim que utilizam de todos ou quase todos os estilos de liderança, na hora que lhes convém. Conforme já mencionado, estes perfis não são traços de personalidade, são apenas padrões de comportamento, e podem ser adotados por qualquer pessoa. Portanto, a nomenclatura e separação deles tem intuito somente de identificação de cada um. Sendo assim, é de extrema importância que líderes tenham o conhecimento e compreensão plena de cada um dos estilos e a inteligência para utilizá-los no melhor momento.

Existem ocasiões em que o líder precisa ser autoritário, mostrando o caminho a ser seguido; em outras é necessário que seja democrático, compreendendo outros pontos de vista, ou ainda, delegar tarefas e dedicar tempo e energia para o desenvolvimento do próprio time. Outro exemplo, em períodos de fechamento comercial, isto é, última semana do mês, o estilo marcador de ritmo se mostra muito mais eficaz do que o estilo coach, para líderes que atuem nesses segmentos. Para esse discernimento, é necessária, além do conhecimento dos perfis, a aplicação prática dos respectivos comportamentos.

4.8 COMO ESCOLHER QUAL PERFIL DE COMPORTAMENTO ADOTAR?

Uma ferramenta e técnica para determinar quando ou com quem utilizar os estilos apresentados é o conceito de liderança situacional, abordado por Quaglio, Castro, Rodrigues e Contin (2015). Esse conceito consiste em identificar os níveis de maturidade de competência de cada um do time e, a partir disso, adotar os comportamentos eficazes, tendo em vista o momento e individualidades de cada um.

A teoria apresentada por Quaglio, Castro, Rodrigues e Contin (2015) afirma que os liderados podem ser classificados em quatro níveis de maturidade de competência em relação ao nível de apoio e direção que o líder fornece. O modelo sugerido pelos autores foi desenvolvido por Hersey e Blanchard (1986). Aqui os dividi em dois outros critérios de avaliação: nível competência técnica e comportamental. Considerando o primeiro como os conhecimentos dos processos, ferramentas e área de atuação. Já o critério comportamental compreende as habilidades, atitudes e comportamentos necessários para a atual responsabilidade do liderado. A Figura 7 mostra os quatro níveis de classificação dos colaboradores e qual estratégica de liderança utilizar em cada um. Na sequência, serão explicados individualmente, junto com os estilos recomendados para cada um.

Figura 7 – Níveis de maturidade individual do time

Fonte: adaptado de Hersey e Blanchard *apud* Quaglio, Castro, Rodrigues e Contin (2015).

M1 - baixo nível técnico e baixo nível comportamental: representa um colaborador inseguro e possivelmente desmotivado, considerando que não possui as competências necessárias para a função. Sendo assim, os dois estilos recomendados para liderança são: visionário e coach. Neste nível o liderado precisa de maior direção e orientação, tendo muito claro o que precisa ser feito, como precisa ser feito e com muito acompanhamento de perto.

M2 - baixo nível técnico e alto nível comportamental: deve ter como foco do seu líder o desenvolvimento de competências, mediante treinamentos, orientações, acompanhamento, cursos etc., pois este colaborador possui o perfil e os comportamentos esperados, contudo ainda não domina os processos e ferramentas da área. Portanto, o perfil que se recomenda é o coach.

M3 - alto nível técnico e baixo nível comportamental: nesse caso, necessita-se de maior compreensão do atual momento do liderado, tendo em vista que sabe o que precisa ser feito, mas não está realizando ou, de certa forma, não da maneira que se espera. Sendo assim, exigindo muito apoio do líder na relação, identificando fatores motivacionais, restabelecendo conexão e confiança e, em alguns casos, solucionando conflitos. Para isso, o estilo de liderança mais eficaz é o afiliativo.

M4 - alto nível técnico e alto nível comportamental: representa os colaboradores mais sêniores em suas funções, podendo então ter mais autonomia no dia a dia e serem envolvidos no processo de tomada de decisão de forma mais regular. Contudo, deve-se ter o cuidado para que não se desmotivem pela falta de contato próximo por parte do líder, muitas vezes causado pelo excesso de confiança. Indica-se, portanto, os estilos democrático e afiliativo.

Nesta análise ficaram exclusos os perfis marcador de ritmo e coercivo. Isso se deve ao fato de que seus impactos no clima da equipe são extremamente negativos e, dessa forma, devem ser utilizados em momentos específicos. Recomenda-se o estilo marcador de ritmo com dosagem moderada e o coercivo em casos de crise e/ou como último recurso.

Para a escolha de quais comportamentos adotar, os líderes devem analisar primeiramente o contexto atual, observando fatores externos e internos da organização, como: cenário econômico e político, momento do mercado, clima da equipe, indicadores de desempenho etc. A partir disso, pode-se então fazer a análise dos níveis de maturidade individuais. Por fim, vale ressaltar que, independentemente de conceitos, teorias e ferramentas, nada sobrepõe a percepção e experiências do líder, portanto estas são mais importantes para decidir qual estilo adotar com as pessoas. Nesse processo, estar presente, atento às emoções e percepções das pessoas é fundamental.

4.9 CASO DIRETORA NATALIE

Vejamos o caso da diretora americana Natalie diante de um cenário bastante comum para líderes. Convido o leitor a refletir sobre a situação e se imaginar no papel dela e, a partir disso, responder as perguntas seguintes ao caso.

A DNA Industry é uma multinacional alemã referência no segmento químico que se instalou no Brasil há quatro anos. A única unidade no país, localizada em São Paulo, conta com cerca de 200 colaboradores. No entanto, a filial vem passando por uma forte crise interna e sofrendo grande pressão da matriz na Alemanha para gerar resultados, o que acabou ocasionando a demissão do diretor de operações da unidade brasileira.

Natalie Miller, uma americana que mora no Brasil há anos e com vasta experiência com gestão, é contratada então para assumir essa função. Há muitos conflitos internos em toda a empresa, principalmente nas áreas que respondem para a diretoria de operações, entre os gerentes e dentro das próprias equipes também. Além disso, o clima de insegurança aumenta com a chegada de Natalie, pois muitos não sabem o que esperar dela por ser nova e estrangeira, e outros já estão frustrados pela péssima liderança do antigo gestor.

Um fator que agrava ainda mais a situação é a insatisfação de Roberto, um gerente de operações que tinha grande expectativa de se tornar diretor com a saída do antigo gestor, devido a seu tempo de casa. Contudo, o CEO entendeu que ele não tinha um perfil de liderança e, por essa razão, contratou Natalie, o que causou um sentimento de indignação em Roberto.

Diante desse cenário de crise e incertezas, Natalie assume não só o desafio de elevar a moral da equipe, mas também a responsabilidade de retomada do crescimento financeiro da DNA S.A. Para isso, em seu primeiro dia ela convoca toda a sua equipe para um discurso inicial e, ao longo da primeira semana, chama individualmente cada um dos gerentes e coordenadores para um alinhamento.

Este caso é real, contudo, foram alterados os nomes da empresa, líder e cidade para preservação. O intuito é provocar a reflexão do leitor acerca de situações que eventualmente líderes experientes enfrentam, considerando que, até o presente momento, abordamos conteúdos suficiente para estruturar um pensamento crítico sobre isso. Sendo assim, não existem respostas certas ou erradas nem prontas, mas convido o leitor responder as seguintes perguntas:

1. Como deverá ser o primeiro discurso de Natalie com o time?
2. Qual ou quais estilos de liderança ela deve exercer neste início?
3. Qual estratégia ela deve utilizar com a equipe para gerar resultados mais rápidos nos primeiros três meses de gestão?

5.
SERÁ QUE VENHO SENDO UM LÍDER-REFÉM, SEM TER CONSCIÊNCIA DISSO?

Será que você está no papel de refém ou negociador dentro da empresa? O antigo negociador de reféns Kohlrieser (2006) define refém como alguém que é manipulado pelas vontades de outro. Este conceito pode ser aplicado de diversas formas, como nos relacionamentos, amizades e carreira. Trazendo para o âmbito profissional, executivos estão mais sujeitos a serem manipulados por outras pessoas, afinal, seus resultados dependem dos outros e estão mais expostos também. Portanto, podem se tornar reféns dentro da organização, sem que percebam.

Um líder que não se conecta com pessoas-chave na empresa, que não tem a capacidade de vender ideias para seus superiores, que não consegue administrar conflitos, que não possui habilidade de negociação, ou então, que não é capaz de motivar e engajar o time, é um refém. Em uma situação que necessite de apoio de outras áreas, ou pedir orçamento para um projeto, ou ainda, quando o time não estiver entregando os resultados esperados, este líder estará sujeito às vontades das outras pessoas. Kohlrieser (2006) ainda afirma que, se alguém nos provoca reações negativas com muita frequência, provavelmente somos reféns dele. Diante disso, é de extrema importância que líderes e executivos desenvolvam competências de negociação e gestão de conflitos e quanto mais alto o cargo dentro da organização, maior a necessidade delas.

5.1 CONFLITOS NO TRABALHO, NA VIDA E NA SOCIEDADE

Certa vez, um executivo de uma grande empresa italiana me disse a seguinte frase: "onde há mais de dez pessoas juntas, há conflitos, jogos de poder e pessoas se relacionando afetivamente". Não foram exatamente estas palavras que ele usou, mas acredito que tenha ficado clara a mensagem. Uma certeza podemos ter: nas organizações sempre haverá conflitos, por melhor que seja a gestão e o clima das equipes. Sendo assim, é inevitável que líderes se encontrem em situações em que necessitem mediar conflitos dos outros ou gerir seus próprios. A forma como percebem e lidam com eles é o que diferencia o quão produtivos e benéficos serão.

Para desenvolvermos as competências de negociação e gestão de conflitos, precisamos compreender o que de fato são conflitos, por mais que a resposta possa parecer óbvia. Normalmente os associamos a brigas e discussões exaltadas, ou clima organizacional ruim, mas este é um paradigma que precisa ser quebrado. Essas situações mencionadas são apenas a consequência de conflitos mal geridos. Segundo Kohlrieser (2006), um conflito nada mais é do que uma diferença de percepção de duas ou mais pessoas sobre uma situação. Sendo assim, podemos entender como é algo positivo, e não negativo. Afinal, diferentes opiniões e pontos de vista enriquecem a gestão e trazem inovação. Esse conceito pode se aplicar desde um casal escolhendo a qual filme assistir até diretores decidindo onde o orçamento da empresa será atribuído.

A partir do conhecimento de que conflitos são diferenças de percepção, o primeiro passo para resolvê-los é entender qual a percepção das pessoas em relação à situação e o que causa essa diferença. A seguir, alguns exemplos de diferenças comuns, trazidos por Kohlrieser (2006), que podem ser gatilhos para desencadear conflitos.

- **Visão e cultura:** quando os objetivos de curto, médio ou longo prazo são diferentes, bastante comum entre sócios. Também pode estar relacionado com cultura, quando determinados costumes ou valores têm importâncias diferentes para as pessoas.
- **Interesses:** uma das principais causas de conflitos, quando o que é melhor para um lado não é necessariamente o melhor para outro. Por exemplo, em uma política empresarial, o que é mais vantajoso para o departamento financeiro, não é o mais vantajoso para o setor comercial.
- **Percepção do problema:** muitas vezes os lados enxergam o problema de formas e gravidades diferentes, como em um casal onde um acredita que deixar a toalha molhada em cima da cama não é um problema, e para o outro é algo muito ruim.

- **Mudança:** pessoas reativas e resistentes a mudanças, devido às "dores" que elas podem trazer, como insegurança, sair da zona de conforto, aprender algo novo etc.
- **Definição de regras, normas e processos:** quando na ausência de uma definição de responsabilidades, as pessoas terceirizam-nas para não assumirem mais demandas.
- **Ego:** muitas causas de conflitos estão relacionadas a situações que ferem o ego de alguém, ou que confrontam a percepção de uma pessoa sobre ela mesma.
- **Estilos de comunicação:** falta de clareza na fala e\ou pessoas que se comunicam de forma muito diferente, como uma pessoa direta e pragmática discutindo um tema com alguém prolixo e detalhista, por exemplo. Não necessariamente o que é dito pode gerar um conflito, mas a forma como é dito.

Com base nessas causas, é preciso o entendimento de que todo conflito é envolvido por necessidades e perdas, e a forma como ambos os lados lidam com elas é um fator primordial (Kohlrieser, 2006). Portanto, para maior compreensão das raízes e soluções dos conflitos, deve-se ter consciência do que o outro lado tem a perder e quais as suas necessidades intrínsecas que não estão sendo atendidas. Esta relação é decisiva para o andamento e condução das interações. Para todo sentimento de perda das pessoas, existe uma respectiva necessidade não atendida, pelo menos na percepção de quem sente. A Tabela 1 traz alguns exemplos de tipos de perdas e necessidades em conflitos, segundo Kohlrieser (2006).

Tabela 1 – Perdas e necessidades em conflitos

PERDA	NECESSIDADES
Conexão	Sentir-se seguro, pertencente ou conectado
Território	Sentir-se pertencente a algum lugar, área ou setor
Estrutura	Sentir-se importante, envolvido e valioso
Identidade	Compreender-se enquanto indivíduo e seus valores
Futuro	Encontrar perspectiva ao longo do tempo, direcionamento e expectativas
Significado	Compreender o porquê das situações
Controle	Sentir-se no controle da situação ou dos processos

Fonte: adaptado de Kohlrieser (2006)

5.2 DOIS CAMINHOS PARA AGIR

A forma como as pessoas lidam com a perda ou com os sentimentos anexados a ela define muito como será o andamento da interação e qual proporção o conflito irá tomar. Lembrando dos circuitos de comportamento que vimos no capítulo quatro, nas nossas relações enviamos convites a todo o momento, e pessoas que não têm a capacidade de lidar bem com a perda nos conflitos enviam convites dissonantes para os outros. Saber recusá-los é de extrema importância.

Goleman (2019) aborda duas formas como os seres humanos podem agir diante das situações. É o que ele chama de estrada principal e atalho. A primeira forma é quando o estímulo externo é captado pelos órgãos dos sentidos, como olhos e ouvidos, interpretados primeiramente por uma parte do cérebro, chamada de córtex pré-frontal, que tem como função principal analisar de forma racional e frear impulsos biológicos. Em seguida, a informação é enviada para outra estrutura cerebral, chamada de amigdala (diferente do órgão da garganta), que gerencia impulsos e emoções de sobrevivência. Já o atalho tem esse nome pois é um caminho mais curto da informação no cérebro, os estímulos captados pelos sentidos não passam pelo córtex, vão direto para a amigdala. Ou seja, no atalho não há interpretação racional nem freio dos impulsos, apenas reações instintivas. A Figura 8 ilustra (de forma não muito precisa) esses dois fluxos.

Figura 8 – Caminhos cerebrais para a ação

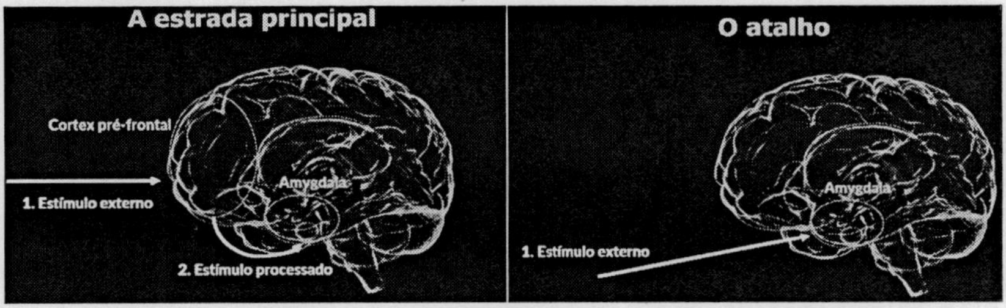

Fonte: o autor

Em resumo, a estrada principal representa nosso pensamento racional, lógico e consciente, aquilo que nos diferencia de outros animais. Já o atalho é um mecanismo automático, inconsciente e muito mais rápido, com o intuito de sobrevivência. Em situações extremas utilizamos o atalho para agir de três formas: luta, fuga ou paralisia. Nesses eventos, os psicólogos e neurocientistas chamam de sequestro emocional, ou sequestro da amigdala, quando somos tomados por emoções, como em casos de violência física ou verbal. Se você já teve o impulso de brigar em um bar, mas não o fez, utilizou a estrada principal neste momento. Já se você já fez um discurso com raiva em uma discussão, do qual se arrepende para o resto da vida, utilizou o atalho e teve um sequestro emocional.

Na prática, este conhecimento é importante, pois, durante conflitos, pessoas que ficam muito reativas e exaltadas, ao lidarem com a perda, estão processando as informações apenas no atalho, como instinto de sobrevivência, de forma inconsciente, ou seja, sem que percebam, como nos sequestros emocionais. Neste momento, devemos trazê-las para a estrada principal e enviar um convite ressonante. Goleman afirma que o atalho muitas vezes nos dá uma primeira opção rápida, mas é a estrada principal que nos leva ao destino que queremos alcançar. Para isso, uma técnica eficaz é fazer perguntas abertas, pois, ao fazê-las, forçamos o outro lado a pensar de forma racional e, dessa forma, utilizar a estrada principal. Perguntas que demonstram interesse na perspectiva das pessoas, como se sentem ou que direcionam ao que querem, promovem o sentimento de cooperação, empatia e vontade de resolver o problema.

No ano de 2021, tive o prazer de realizar um curso com Kohlrieser (2006) sobre negociação e gestão de conflitos para líderes, utilizando técnicas de negociadores de reféns. Ele afirma que esses métodos possuem 95% de assertividade na prática e foi nessas técnicas e conceitos que mergulhei, junto com a leitura de seu livro *Hostage at the table*. Não importa quais conflitos você vivencie na liderança ou vida pessoal, nada supera ao que esses negociadores passam. Portanto, é possível afirmar que estes e outros conceitos e técnicas que iremos abordar neste capítulo funcionam em qualquer conflito.

5.3 CASO O NEGOCIADOR DE REFÉNS

Imagine a situação a seguir e tente identificar as perdas e necessidades envolvidas.

Um experiente negociador de reféns do FBI, numa tarde de sexta-feira, é chamado para uma emergência em uma loja varejista. Chegando ao local, a polícia lhe passa um parecer da situação.

Um homem entra no estabelecimento, se exalta com a atendente por não conseguir um empréstimo e começa a agredir verbal e fisicamente as pessoas. Quando os seguranças se aproximam para detê-lo, ele rende uma funcionária, colocando uma tesoura sob seu pescoço, fazendo ela e as outras pessoas de refém, ameaçando matá-las se a polícia entrar.

A polícia puxa o perfil do sequestrador e lhe informa que se chama Jack, um marceneiro, pai de duas crianças, com dívidas altas, hipoteca atrasada e alcoólatra, apesar de não haver histórico de violência e passagens pela polícia. Após essa ficha, o negociador entra sozinho e desarmado na loja, para tentar achar uma solução.

Sequestrador – Se afaste, eu vou matá-la!

Negociador – Fique calmo, eu estou aqui para te ajudar.

Sequestrador – Não! Você vai me dar um tiro, ou só quer me prender. Ninguém quer me ajudar.

Negociador – Eu estou desarmado, fique tranquilo, os homens lá fora que estão armados e querendo entrar. Eu estou aqui para te ajudar. Eu entendo o que você deve estar passando.

Sequestrador – Não! Você não entende. Ninguém sabe o que estou passando, não tem mais saída, eu vou matá-la e depois me matar.

Negociador – Então me conte, como você está se sentindo agora? O que está passando?

Sequestrador – Eu estou no fundo do poço e ninguém irá me ajudar. Eu vou matá-la e depois me matar, não tente me impedir.

Negociador – Jack, como você quer que seus filhos lembrem de você? Como um assassino ou como um homem nobre?

Sequestrador – Não fale dos meus filhos, fique longe deles (gritando).

Negociador – Você pode vê-los ainda. Posso conseguir isso e ainda pode participar de suas vidas. Com certeza se lembrarão de você no futuro como um homem nobre. Você quer isso? Quer vê-los?

Sequestrador – É claro que quero, mas não nessa situação.

Negociador – Vou te ajudar com isso então, vou conseguir que os veja em outro lugar, mas sabemos que não pode sair daqui com essa tesoura. Você prefere entregá-la para mim ou jogá-la no chão?

Sequestrador – Prefiro entregar para você.

Negociador – Jack, infelizmente você só poderá sair algemado daqui, você prefere que eu faça ou que os agentes da SWAT, armados, façam isso?

Sequestrador – Ok, prefiro que você faça isso.

Negociador – Tudo bem. Prefere que faça à frente ou nas costas?

Sequestrador – Pela frente.

Negociador – Obrigado, Jack, vamos sair agora, ok? Pedirei para que busquem seus filhos e os levem para a delegacia ao seu encontro.

Após alguns minutos, o sequestrador foi levado algemado para a delegacia, seus filhos foram visitá-lo lá e ninguém se feriu naquele dia.

O caso descrito é baseado em fatos reais, abordados por Kohlrieser (2006), e seu desenrolar é mais longo, porém foi simplificado aqui para torná-lo mais didático. Nesse conflito, podemos observar alguns conceitos que vimos até o momento neste capítulo. O negociador de reféns primeiramente buscou entender as perdas e necessidades do sequestrador, de forma a gerar sentimento de cooperação. Ele inicia este processo perguntando como se sentia naquele momento e a resposta foi: "estou no fundo do poço e ninguém irá me ajudar". Este é um exemplo de conflito gerado por uma diferença sobre a percepção do problema, pois, obviamente, nenhum problema pessoal justificaria tais atos. Além disso, esta resposta nos permite identificar um sentimento de perda de futuro em Jack, ou seja, existia uma necessidade de visualizar perspectivas e expectativas para seu futuro. O problema é que isso acontece de forma inconsciente, sendo assim, as pessoas não percebem seus sentimentos nem como reagem a eles.

Ao perguntar como Jack gostaria que seus filhos se lembrassem dele, o negociador buscou suprir essa necessidade de futuro, introduzindo um fator que de fato fornecesse perspectiva ao longo do tempo, como memórias e crescimento das crianças. Se o sequestrador precisava de uma saída ou motivo para sair do fundo do poço, como disse, esta era a razão. Muitas pessoas naquele momento teriam recuado, pois havia sido extremamente reativo, gritando ao citar os filhos, mas este, na verdade, foi um sinal de que o caminho para a solução estava naquelas emoções. Atentar-se a esses sinais emocionais e saber fazer as perguntas certas são habilidades de suma importância não só para gerir conflitos, mas também para liderança, como vimos no capítulo três.

Outra técnica utilizada é o diálogo direcionado. Esta consiste em direcionar a conversa para possíveis soluções, por meio de perguntas e não afirmações. Isso parte do princípio de que as pessoas tendem a aceitar melhor as ideias quando têm a sensação de que vieram delas, ou que ajudaram a construí-las. Por exemplo, ao perguntar se o sequestrador prefere jogar a tesoura ou entregar a ele, o negociador induz a conversa para desarmá-lo, mas em nenhum momento se faz entender de que Jack teria a opção de continuar com a tesoura na mão. Aliás, um princípio de negociação de reféns é não mentir, pois, uma vez que descoberta a mentira, a conexão com as pessoas é quebrada e muito difícil de ser reconstruída. Esta técnica é aplicada também quando é perguntado se o sequestrador prefere ser algemado pelo negociador ou pelo oficial da SWAT e se prefere que seja feito à frente ou pelas costas. Dessa forma, Jack sente que a situação não fugiu de seu controle e que a condução está sendo feita de acordo com suas vontades, que são levadas em consideração. Mas perceba que em nenhuma das opções ele sai com as mãos livres do local.

Perceba também que o próprio negociador fez concessões durante o processo e este é mais um princípio para gerir conflitos. Veremos mais adiante que é necessário que ambos os lados cedam para encontrar soluções de ganhos mútuos. Seria mais seguro se Jack fosse algemado pelas costas, mas, àquela altura, ele já havia cooperado largando a tesoura e, por essa razão, o negociador cede e demonstra preocupação perguntando como ele preferiria ser algemado. Fazer pequenas concessões é uma forma muito eficaz de gerir conflitos, mas, para isso, é importante ter clareza de quais condições ou valores cada lado não está disposto a abrir mão. Neste caso do exemplo, o negociador permitiu que ele escolhesse, mas não seria possível negociar a possibilidade de não sair de algemas.

Todas as estratégias e técnicas abordadas neste capítulo são potencializadas com um bom processo de preparação antes das interações. Fox (2014) afirma que a primeira negociação é com nós mesmos. Parafraseando a autora, antes de gerirmos conflitos com os outros, devemos gerenciar a nós mesmos. Isto é, gerir nosso fluxo interno de emoções e pensamentos, identificar nossos próprios preconceitos e necessidades pessoais. Investir tempo e energia em uma boa preparação pode ser um fator decisivo para bons resultados, como no caso anterior, a informação adquirida antes, sobre os filhos do sequestrador, foi valiosíssima para o negociador. Nos momentos anteriores à interação com as pessoas, procure identificar os vieses (veremos o que são no capítulo seguinte), interesses, sentimento de perda e necessidades em você mesmo e em todos os envolvidos. Nem sempre será possível realizar esta etapa, algumas vezes as situações de conflito acontecem de forma inesperada e, nesses casos, não há preparação e deve-se identificar esses fatores durante as conversas difíceis.

5.4 COMO GERENCIAR CONFLITOS

As pessoas lidam com conflitos de formas distintas e, a partir disso, Kenneth W. Thomas e Ralph H. Kilmann desenvolveram um método para identificar como as pessoas enfrentam situações de conflito, chamado de TKI (Thomas-Kilmann Instrument) (Sample, 2008). Esse instrumento classifica os posicionamentos das pessoas em cinco estilos, relacionados com o nível de assertividade em satisfação das próprias necessidades no conflito e dos outros. A Figura 9 apresenta quatro desses estilos e em seguida uma breve explicação deles. O quinto deles, iremos ver mais a diante.

Figura 9 – Estilos de posicionamento em conflitos

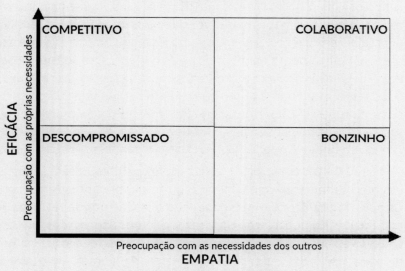

Fonte: adaptado de Sample (2008)

- **Competitivo:** preocupação em satisfazer as próprias necessidades, colocando-as acima do relacionamento e das necessidades das pessoas. Isto é, o perfil competitivo busca impor suas condições e está disposto a abrir mão da relação para atingi-las. Basicamente, não há acordo se não for em seus termos.

- **Bonzinho:** busca atender mais as necessidades dos outros do que as suas próprias, pois acredita que manter a relação seja mais importante do que as suprir. Normalmente cede a exigências sem questionamentos, na expectativa de receber favores futuros.

- **Descompromissado:** estilo que evita a solução. Não se preocupa em atender ambas as necessidades, por acreditar que a atenção e energia gastas para solucionar o conflito em questão são perda de tempo.

- **Colaborativo:** preocupação em satisfazer ambas as necessidades, união da eficácia com a empatia.

Obviamente, na prática o estilo colaborativo é quase uma utopia, sendo considerado inviável na maioria das vezes. Isso se dá porque é muito comum que nos conflitos cotidianos os interesses (necessidades) sejam divergentes, exigindo soluções mais complexas e que não atendam plenamente nenhum dos lados. Além disso, as interações entre os demais estilos apresentados são deficitárias; por exemplo, duas pessoas competitivas tendem a não gerar nenhum acordo entre si e já duas pessoas boazinhas tendem a fazer acordos improdutivos, atendendo menos necessidades do que poderiam. Quando estilos diferentes interagem em conflitos, os resultados também são deficitários.

Qual é a melhor forma de lidar com conflitos, então? É adotar um posicionamento negociador, o quinto estilo apresentado por Sample (2008). Este é o mais eficaz entre os cinco, onde se utiliza de habilidades de negociação para fazer e impor concessões, para se chegar a soluções de ganhos mútuos. Tendo consciência dos ganhos mínimos, hora pode ceder mais, hora menos. A Figura 10 ilustra como este estilo pode se posicionar.

Figura 10 – Estilo negociador de conflitos

Fonte: adaptado de Sample (2008)

Incorporar este estilo talvez não seja tão simples quanto possa parecer, mas com certeza é o que trará maiores resultados no curto, médio e longo prazo. Para aprender como utilizá-lo na prática, vamos compreender o método de negociação de Harvard. Esse método foi desenvolvido pela Harvard Law School (Escola de Direito de Harvard), com o intuito de criar técnicas e conceitos que possam ser utilizados em qualquer negociação e conflito, desde situações de trabalho em empresas até conflitos políticos e religiosos entre nações, segundo Fisher, Ury e Patton (2005).

5.5 O MÉTODO HARVARD DE NEGOCIAÇÃO

O método desenvolvido por Fisher, Ury e Patton (2005) fundamenta-se em fazer negociações baseando-se em quatro princípios. Iremos abordar de forma breve cada um deles, no entanto vale ressaltar que esses princípios são relacionados com mentalidade e comportamento diante dos conflitos, e não necessariamente com técnicas.

1. **Separe as pessoas dos problemas:** há uma tendência de levarmos os problemas para o lado pessoal e isso pode dificultar a solução. Não é preciso necessariamente gostar de alguém para gerir conflitos e fazer negociações positivas. Separe a sua relação com a pessoa da substância da negociação, ou seja, lide diretamente com o problema que precisa ser resolvido.

2. **Foque nas necessidades e não nas posições:** existe uma grande diferença entre as reais necessidades das pessoas e suas posições diante do conflito. Posição é aquilo que a pessoa verbaliza, é a condição imposta por ela. Como vimos anteriormente, muitas vezes as pessoas não têm consciência de suas necessidades e, por essa razão, focam em posições. Quando em uma negociação de carro o comprador fala que pagaria R$25.000,00, essa é sua posição, porém sua necessidade pode ser conforto e segurança, por exemplo. Negociações baseadas em barganha de posições, em outras palavras, quando ambos os lados tentam fazer o outro ceder sua posição, tendem a gerar acordos insensatos. Portanto,

foque em identificar as necessidades e interesses das pessoas, por trás de suas posições. Para isso, use perguntas abertas e esteja atento aos interesses dos outros.

3. **Faça opções de ganhos mútuos:** busque estruturar acordos que atendam ambos os lados. Para tanto, tenha clareza das suas próprias necessidades e dos envolvidos. Nem sempre será possível atender todas as necessidades, sendo assim, é importante ter o plano B, isto é, alternativas de acordos estruturadas. Se não puder atender os interesses, traga a solução para algum outro problema da pessoa que não esteja em discussão. Por exemplo, se não é viável ceder em determinada situação, ofereça ajuda ou ceda em outra situação que beneficie a pessoa. Outra possibilidade é mudar o parâmetro do acordo, tal como, se não for possível aumentar o orçamento de um projeto, pode-se negociar um novo prazo ou vice e versa.

4. **Tenha como base padrões objetivos e lógicos:** a expressão popular afirma: "contra fatos não há argumentos". Quando a negociação é baseada em fatores lógicos, as pessoas tendem a se desprender das posições. Se em uma venda de carro os dois lados não conseguem chegar em um valor comum, podem se basear na tabela FIP do veículo. Outro exemplo, se um líder quer que um colaborador mude um comportamento, deve sair da subjetividade e trazer indicadores de desempenho ou situações e o impacto desse comportamento nos resultados.

Esses quatro princípios podem ser utilizados em qualquer tipo de conflito, como no trabalho, relacionamentos amorosos e diplomacia. Por exemplo, enquanto escrevo este livro, o mundo presencia o auge da guerra entre Rússia e Ucrânia. Sem pretensão de afirmar qual seria a solução para esse conflito – afinal, não sou diplomata nem analista geopolítico –, com certeza as respostas para isso passam pelos princípios citados, como afirma em entrevista o próprio William Ury, um dos criadores do método de negociação de Harvard. Para se chegar a um acordo neste caso, não é preciso gostar de Vladimir Putin (presidente da Rússia), porém certamente deve-se entender suas necessidades e perdas envolvidas. Neste caso, a tentativa de entrar para a Organização do Tratado do Atlântico Norte (Otan) e se aproximação dos Estados Unidos, a Ucrânia gerou um sentimento de perda de controle na Rússia. Portanto, estruturar opções que permitam suprir a necessidade de segurança e controle de suas fronteiras, pode ser um caminho para a solução. Claro que este conflito em particular é extremamente complexo, durante vários anos, e, por consequência, a sua solução não é simples. Estou apenas ilustrando que os conceitos abordados se aplicam até em situações desta magnitude.

5.6 E SE O OUTRO LADO FOR MAIS PODEROSO?

Muitas vezes em uma negociação existem relações de poder, onde um lado leva a vantagem, como uma relação hierárquica de chefe para funcionário, ou por fator de influência, ou então, por poder financeiro. Nesses casos, todos os conceitos e técnicas apresentados até aqui continuam sendo válidos, porém seguem algumas estratégias extras que podem auxiliar neste processo.

- **Avalie o momento certo:** talvez não seja sábio pedir orçamento para o chefe após uma reunião em que os resultados das vendas apresentados tenham caído ou a meta não tenha sido atingida. Portanto, saber escolher o momento certo para ir à mesa de negociação é muito importante.

- **Peça permissão para discordar:** ao fazer perguntas como: gostaria de expressar minha opinião, ok? Você está deixando claro que tem posição contrária, mas dessa forma evita o confronto. Caso a pessoa responda de forma negativa, talvez não seja o momento certo para negociar.

- **Conecte suas ideias e opiniões a um propósito em comum:** mesmo que o outro lado tenha mais poder, ao perceber que sua posição ajudará a atingir um objetivo ou satisfazer uma necessidade pessoal, ficará mais propenso a ceder. Por exemplo, ao pedir orçamento para o chefe, tente conectar isso com o atingimento de alguma meta dele que gere bônus.

- **Desenvolva o plano B:** mesmo sendo a melhor opção, é possível que a outra parte não ceda e, nestes casos, é importante ter uma segunda ou terceira opção estruturada, é um bom caminho para sair do conflito com algum ganho.

5.7 CASO ISRAEL VS EGITO

Para compreender mais sobre a aplicação de tudo que abordamos neste capítulo, vejamos o caso da guerra entre Israel e Egito e como foi feito seu acordo de paz.

> A Guerra dos Seis Dias, ou Terceira Guerra árabe-israelense, foi travada entre os dias 5 e 10 de junho de 1967, tendo de um lado do conflito as forças armadas do Estado de Israel e, do outro, as do Egito, Síria, Jordânia e Iraque, que, por sua vez, receberam o apoio de Kuwait, Líbia, Arábia Saudita, Argélia e Sudão. Essa foi a guerra mais rápida travada entre árabes e israelenses e foi também a guerra que possibilitou a Israel expandir seu território, conquistando a Península do Sinai, a Cisjordânia, Gaza, Jerusalém oriental e as colinas de Golã – o que, posteriormente, desencadeou a Guerra do Yom Kippur, em 1973...

> ...No primeiro dia da guerra, houve a destruição de 309 dos 340 aviões de combate egípcios pelos caças israelenses em um espaço de apenas duas horas. Os aviões foram destruídos em suas bases militares no solo. No segundo dia, Israel cruzou as fronteiras da Península do Sinai. No terceiro dia, paraquedistas israelenses conquistaram a cidade velha de Jerusalém, que estava sob o domínio de jordanianos, e ainda no dia 7 chegaram ao estreito de Tiran e, no dia 8, a Rumani, perto do canal de Suez (Fernandes, 2023).

Os diplomatas envolvidos buscaram durante todo o processo entender quais as necessidades de cada lado, para que se chegasse a um acordo. A tarefa não foi fácil, pois, como na maioria dos casos, os lados estavam negociando por barganha de posição e não expuseram seus reais interesses. Após muito estudo e tentativas de negociação, foi identificado que Israel invadiu a península de Sinai, por questões de segurança, visto que essa é uma região de deserto que faz fronteira entre os dois países, sendo o caminho mais próximo para uma possível invasão do Egito em Israel. Diante disso, os interesses do estado de Israel neste conflito eram: redução dos altos custos em operações militares; acesso ao canal de Suez para questões comerciais; segurança na fronteira em relação a ataques (Fisher; Ury; Patton, 2005).

Já o Egito exigia a península de Sinai de volta por questões de identidade e princípios, esta é uma região com marcos históricos e bíblicos importantes e onde vários faraós foram enterrados. Portanto, os interesses egípcios na guerra eram: a hegemonia do Egito enquanto referência no Oriente, devido à invasão que sofreu e perda no início da guerra; e a posse da Península do Sinai como parte do país (Fisher; Ury; Patton, 2005).

Em resumo, parte do acordo firmado que concedeu o Prêmio Nobel da Paz a um dos seus idealizadores foi que Israel devolvesse o território de Sinai, contudo o governo egípcio não poderia ter nenhuma movimentação militar naquela área. Hoje em dia a península tem bandeiras do Egito, porém nenhuma estrutura nem comunidade vivendo lá (Fisher; Ury; Patton, 2005).

Obviamente o conflito citado foi mais complexo do que o apresentado aqui e o acordo envolveu outras cláusulas, mas a intenção foi apenas exemplificar algumas técnicas que vimos, como, por exemplo, a importância de se entender as necessidades, interesses, perdas e diferenças envolvidas nos conflitos, que estão ocultas nas posições e exigências de cada lado. Roger Fisher, William Ury e Bruce Patton, criadores do método de negociação de Harvard, abordam este e outros casos semelhantes, de forma mais profunda, em seu livro *Como chegar ao sim*.

5.8 CONFLITOS NA LIDERANÇA

Quanto mais alto o cargo, maior a dependência e envolvimento de outras áreas da organização e menores são as relações hierárquicas dessas interações. Sendo assim, há ainda mais necessidade de negociar e gerir conflitos para posições de liderança. Tudo que foi abordado neste capítulo pode ser aplicado para lidar com chefes imediatos, liderados e colegas de outros departamentos.

Em uma das empresas que trabalhei, existia um grande conflito entre os departamentos comercial e análise de crédito. Conflito esse que é muito comum em outras organizações também, pois os interesses de cada setor são diferentes. Não deveriam ser, mas na prática é o que acontece. O departamento comercial é cobrado por metas de volume de venda e faturamento, enquanto o crédito é cobrado por metas de inadimplência. Isso induz o setor comercial a vender "a todo custo", se preocupando apenas com a quantidade e valor das vendas. No caso do setor de crédito, é incentivado a rejeitar vendas por questões de segurança, já que seus indicadores cobram apenas a menor inadimplência possível, gerando assim um cabo de guerra entre os times e os gestores de cada área. Uma solução implantada nesta empresa foi acrescentar ao crédito uma meta de liberação de pedidos, além da meta de inadimplência já existente, criando uma bonificação para os analistas, caso as duas metas fossem batidas. Dessa forma, os colaboradores do crédito são estimulados a liberar mais pedidos do comercial; contudo, devem fazer isso com qualidade e análise criteriosa, senão haverá sido em vão. Outra solução para este problema é vincular o indicador de inadimplência ao comercial também, dessa forma induziria os vendedores a vender muito, mas qualificar as vendas e facilitar o trabalho de aprovação do crédito, além de dividir a responsabilidade de quedas em golpes ou clientes que não pagam.

Esse é apenas mais um exemplo de conflito em empresas em que podem ser usados os conceitos e técnicas vistos aqui. No caso descrito, as necessidades e perdas eram diferentes, aparentemente, e as pessoas se apegavam a posições de liberar ou não liberar o valor de um pedido. O que ambos os lados não tinham clareza era que o interesse ou necessidade maior era comum entre eles, que seria receber o valor da venda. Tanto o setor de crédito quanto o comercial tinham interesse em que o cliente pagasse pelos produtos, caso contrário, mesmo vendendo, ambos não receberiam suas comissões, devido à falta de caixa da empresa.

Finalmente, encerro este capítulo fazendo a mesma pergunta com a qual o iniciei, diante de tudo que vimos nele, leitor, será que você está no papel de refém ou negociador dentro da sua organização? Se a resposta for sim, gostaria de convidá-lo a fazer um desenho semelhante ao da Figura 11, e colocar os nomes das pessoas que exercem influência em seu trabalho e das quais você está sendo refém, sejam chefes autoritários, colaboradores que não entregam resultados ou que sabotam sua liderança, ou então, pessoas-chave dentro da empresa que não o apoiam. A partir disso, convido a aplicar todo o conhecimento adquirido.

Figura 11 – De quem venho sendo refém

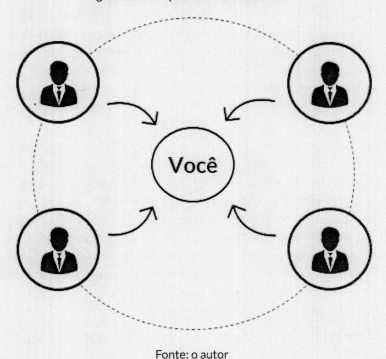

Fonte: o autor

6.
AS ARMADILHAS DA INTUIÇÃO PARA O LÍDER

Diante do atual cenário econômico globalizado e da nova era da tecnologia, as organizações são exigidas a obter maior velocidade na gestão e nas respostas ao mercado, para se manterem competitivas. Nesse sentido, os líderes precisam tomar decisões estratégicas ainda mais rápidas, porém esse processo pode resultar em grandes impactos para as empresas, tanto positivos como negativos.

As pessoas tomam decisões todos os dias, algumas pequenas e frequentes, como qual roupa vestir ou onde almoçar, e outras delas são mais importantes e complexas, como, por exemplo, onde investir o seu dinheiro. Para os líderes e executivos isso se torna ainda mais intenso, tendo em vista que precisam solucionar problemas, analisar ideias e suas decisões podem impactar no futuro da empresa e na carreira dos colaboradores.

O processo de tomada de decisão tornou-se, assim, tema de pesquisas científicas nos últimos anos, tanto pela psicologia quanto pela neurociência, sendo aplicadas na maior parte nas áreas de economia, mercado financeiro e no mundo corporativo. Existem diversos fatores que podem influenciar o processo decisório, entretanto os principais estão relacionados ao cérebro e ao pensamento intuitivo. Veremos nesta etapa, quais fatores influenciam em nossas decisões, quais erros líderes podem cometer neste processo e como podem tomar decisões estratégicas de forma assertiva.

6.1 POR QUE BONS LÍDERES TOMAM DECISÕES RUINS?

Campbell, Whitehead e Finkelstein (2009) contam o caso do antigo chefe do Centro de Operações de Segurança Interna nos Estados Unidos Matthew Broderick, que foi o responsável por alertar o presidente e o governo em 2005, se o furacão Katrina estaria rompendo os diques em Nova Orleans ou não. No dia 29 de agosto daquele ano, ele relata que estavam segurando, apesar de vários relatos de que não estavam. Essa decisão teve impactos extremamente negativos e, apesar de sua vasta experiência e competência, pode ter sido considerada inconsequente. Mas por que então isso aconteceu?

    Broderick já esteve envolvido em diversas operações militares, inclusive no Vietnã, e liderou o Centro de Operações de Segurança Interna durante alguns furacões anteriores, segundo Campbell, Whitehead e Finkelstein (2009). Nessas experiências, aprendeu que a maior parte dos primeiros relatos em torno do evento costumam ser falsos. Sendo assim, seria melhor esperar por um fato concreto vindo de uma fonte confiável. Entretanto, ele nunca havia experienciado uma situação em que o furacão atingisse uma cidade abaixo do nível do mar, como no caso de Nova Orleans, segundo os autores.

    Cerca de 12 horas após o Katrina atingir a cidade, Broderick recebeu 17 relatos de grandes inundações e violações de dique. Contudo, ele também havia recebido informações conflitantes, afirmam Campbell, Whitehead e Finkelstein (2009). O Corpo de Engenheiros do Exército informou não ter evidências de violações de dique e o canal CNN relatou moradores da cidade festejando não terem sido afetados. Devido a suas experiências anteriores, ele acreditou que essas informações conflitantes eram o fato concreto de fonte confiável que ele estava esperando. Então, ao final do dia, emitiu um relatório da situação afirmando que os diques não haviam sido violados, embora tenha acrescentado que uma avaliação mais profunda deveria ser feita no dia seguinte, conforme Campbell, Whitehead e Finkelstein (2009) relatam.

    Essa decisão baseada em reconhecimento de padrões de experiências anteriores teve complicações extremas, por uma pequena variação, no caso, o nível abaixo do mar, afirmam Campbell, Whitehead e Finkelstein (2009). Mas qual a relação disso com liderança? Bom, se você trabalha no mundo corporativo há algum tempo, já deve ter presenciado um líder experiente e competente tomando uma decisão precipitada, ou inconsequente, ou até insensata na percepção de outras pessoas, sem que ele perceba.

Presenciei, em uma grande empresa, o CEO optar por demitir mais de sessenta colaboradores de uma vez, prevendo uma possível crise, devido a uma queda inicial de faturamento. Ele havia passado por um período de crise forte no passado, com um início semelhante ao que enfrentava e, por essa razão, decidiu pelo mesmo caminho da experiência anterior. O problema é que, apesar de um estado inicial parecido, a prevista crise não aconteceu e, apenas três meses depois da decisão de demissão em massa, a companhia já havia retomado seu quadro de colaboradores de antes da redução. Esta decisão ruim e precipitada ocorreu pelo mesmo motivo da situação descrita por Campbell, Whitehead e Finkelstein (2009), com o chefe do Centro de Operações de Segurança Interna, durante a passagem do furacão Katrina.

Os casos de Broderick e do CEO que mencionei são apenas exemplos, dentre vários, de líderes que tomaram decisões que prejudicaram gravemente as pessoas e suas empresas. Para compreendermos por que bons líderes tomam decisões ruins, precisamos primeiramente entender o que é a intuição, pois é nesse processo que acontecem nossos erros de julgamento.

6.2 O QUE É A INTUIÇÃO?

A intuição nada mais é do que um pensamento associativo, instantâneo e inconsciente. Pelo reconhecimento de padrões e a associação de memórias, o cérebro toma decisões de forma automática, tanto para aumentar a velocidade de reação à estímulos quanto para economizar energia de pensamento, segundo Campbell, Whitehead e Finkelstein (2009). Um exemplo disso são as atividades rotineiras, como: escrever, ler, dirigir ou resolver cálculos simples, como dois mais dois. Em algum momento da vida, estas já foram consideradas atividades complexas, contudo, devido à prática, são realizadas de forma inconsciente e automatizada, ou seja, de forma intuitiva, consumindo muito menos energia. Assim, o cérebro toma pequenas decisões instantâneas, baseadas em estímulos externos e emocionais.

Esse reconhecimento de padrões é um processo complexo, que envolve até 30 partes diferentes do cérebro. É dessa forma, por exemplo, que um jogador profissional de xadrez pode realizar uma jogada de alta qualidade em apenas seis segundos, baseado em padrões que ele mesmo já experienciou anteriormente, afirmam Campbell, Whitehead e Finkelstein (2009). Contudo, esse processo de reconhecimento de padrões pode nos aplicar armadilhas sem que as percebamos. Quando lidamos com situações aparentemente familiares, nossos próprios cérebros podem nos fazer pensar que entendemos o que está acontecendo, embora, na verdade, isso não ocorra.

6.3 AS ARMADILHAS DA INTUIÇÃO PARA OS LÍDERES

Na maioria das vezes a intuição e o reconhecimento de padrões funcionam bem e, por essa razão, quanto mais experiente for o líder, melhor e mais rápido seu cérebro irá tomar decisões difíceis. No entanto, em alguns casos, podem ocorrer desvios causados por preconceitos, interesses pessoais e memórias distorcidas por impactos emocionais. Chamamos essas causas de vieses. Por se tratar de um processo inconsciente, os líderes podem justificar as distorções por meio de ideias e linhas de raciocínio, tornando os vieses armadilhas causadas pelos seus próprios cérebros, e sem as perceberem. Isso acontece principalmente por experiências anteriores negativas, com carga emocional forte atrelada a elas. Diante disso, por mais experiente e competente que um líder possa ser, ele está sujeito a tomar decisões extremamente ruins e precipitadas. Todos nós cometemos esses erros de julgamento, contudo gestores e executivos necessitam tomar grandes decisões com frequência e muitas vezes de forma rápida, tornando-se ainda mais propensos às armadilhas de sua intuição. Em algumas situações, os efeitos negativos dessas decisões são irreversíveis, conforme exemplificaram Campbell, Whitehead e Finkelstein (2009).

Certo dia, eu estava em uma reunião com gerentes executivos e diretores de uma grande organização, onde iríamos apresentar um projeto novo que envolveria todas as áreas. Uma das gerentes apresentou e vendeu a ideia aos demais, que na maioria aderiram fácil, porém um dos diretores demonstrou certa resistência ao projeto e para cada benefício para a empresa apresentado, ele trazia uma objeção. Por mais que os argumentos fossem bons e nitidamente para a maioria aquela seria uma grande mudança positiva para a empresa, este diretor em específico não concordava com nada, mesmo que talvez nem ele mesmo soubesse a razão. Após essa reunião, soube, por outra pessoa, que a gerente que era a idealizadora do projeto e que conduzira a reunião havia tido uma discussão grave com esse diretor semanas antes. Este é um exemplo do que vimos até aqui, por mais que as soluções fossem boas, de forma inconsciente, ele se posicionava contra as ideias, por virem de uma pessoa da qual ele tem um anexo emocional e memória distorcida atrelada a ela. Dessa forma, sem que percebesse, esse diretor estava tomando uma decisão ruim para a empresa, porque associava inconscientemente o projeto a uma memória ruim. Portanto, o simples fato de ouvir a ideia ou olhar para a colega, fazia com que ele sentisse emoções ruins. Contudo acreditava fortemente que ir contra as ideias era a melhor escolha para a empresa, pois seu cérebro, de forma racional, estava justificando seus vieses cognitivos que são irracionais.

Outro motivo para a atitude desse diretor poderia ser machismo, o que de qualquer forma se aplica aos mesmos conceitos. Aliás, esta é uma característica de pessoas preconceituosas, elas normalmente têm ótimos argumentos para justificar seus próprios preconceitos (vieses cognitivos).

6.4 COMO UM LÍDER DEVE TOMAR DECISÕES DIFÍCEIS

O segredo para as tomadas de decisões estratégicas está no envolvimento das pessoas, afinal, literalmente várias cabeças pensam melhor do que uma. Conforme já abordado, é inevitável que um líder caia em armadilhas causadas pelo seu próprio cérebro e com certeza é também inevitável que as outras pessoas caiam em semelhantes armadilhas. Contudo, as memórias distorcidas, os preconceitos, as experiências e emoções são diferentes, logo, não estão sujeitos aos mesmos enganos entre si. Portanto, o líder deve ser capaz de desvincular-se de seus próprios vieses, para que possa compreender outras percepções de uma mesma situação. O destino de milhares de pessoas de Nova Orleans poderia ter sido diferente se Matthew Broderick tivesse percebido seu próprio reconhecimento de padrões e levando em consideração outras opiniões.

A seguir uma metodologia eficaz desenvolvida por Campbell, Whitehead e Finkelstein (2009), para o processo de tomada de decisões estratégicas. Trata-se de um passo a passo para identificar as armadilhas da intuição (vieses cognitivos).

1. Ponha na mesa novas perspectivas. Procure pessoas influentes e que tenham relação com a decisão a ser tomada e busque entender suas percepções. Quais escolhas fariam.
2. Faça uma lista dessas pessoas.
3. Analise a primeira pessoa da lista e mapeie seus possíveis vieses (preconceitos, interesses pessoais e emoções) atrelados à decisão. Por que optaria por esta solução?
4. Repita o processo para os demais integrantes.
5. Reveja a lista de armadilhas (vieses) que foram identificadas.
6. Identifique os padrões de armadilhas e tome uma decisão levando-os em consideração.

Perante o que foi abordado, o seguinte questionamento vem à tona: um líder experiente deve confiar em sua intuição? A resposta é que na maioria dos casos sim, estatisticamente o pensamento intuitivo auxilia de forma eficiente líderes com grande experiência, porém recomenda-se que, para decisões estratégicas, seja utilizada a metodologia abordada no presente artigo. Para isso, o líder precisa estar aberto a opiniões diferentes, estimular a criatividade nas pessoas e deve questionar suas próprias convicções a todo momento. Mais adiante, iremos abordar como líderes podem aumentar a capacidade criativa deles mesmos e dos liderados, para desenvolver ideias, encontrar soluções para os problemas e tomar decisões melhores.

7.
ESTRATÉGIAS PARA GESTÃO DE TIMES

Até este momento, o foco deste livro esteve diretamente no líder enquanto indivíduo, suas competências, características e comportamentos. Nos próximos capítulos iremos sair um pouco desta visão comportamental e trazer perspectivas das equipes e das organizações. Este capítulo, em específico, irá abordar estratégias para gestão de pessoas, com técnicas e boas práticas que reflitam na realidade diária das empresas, baseadas em minhas experiências e também em práticas de especialistas do mercado.

7.1 DELEGAÇÃO DE TAREFAS

Leitor, o que você faria se tivesse mais tempo em sua rotina profissional? Muitas empresas cobram seus gestores para que sejam mais estratégicos e táticos e menos operacionais, mas não oferecem as condições para isso. Por outro lado, muitos líderes não possuem consciência de que estão afogados na operação, ou não têm conhecimento de como mudar essa situação, ou ainda pior, não valorizam as atividades mais táticas e estratégicas por não enxergarem resultados imediatos nelas. Considerando que as empresas vêm crescendo em grande velocidade e se as metas e objetivos crescem na mesma proporção, questiona-se: líderes com a mesma rotina operacional que possuem hoje conseguiriam entregar dez vezes mais resultados daqui a cinco anos? Fiz essa mesma pergunta algumas vezes em uma grande empresa em que atuei e na maioria das vezes a resposta foi negativa, ou o simples silêncio na sala com gerentes e diretores.

Realizei sessões de mentoria com um gerente comercial que, segundo o RH da empresa, era muito operacional e havia relatos de que realizava vendas no lugar de seus vendedores, pois era uma equipe sem muito conhecimento. Quando o questionei sobre isso, confirmou e disse que atingia as metas de faturamento de sua região todos os meses e que o que importa realmente são os resultados. Na sequência, trouxe as metas de faturamento da organização e da sua regional para o ano seguinte nos próximos cinco anos. Em resumo, seu faturamento deveria ser 30% a mais no próximo ano, o dobro no ano seguinte e quatro vezes mais em cinco anos. Minha última pergunta a esse gerente foi: daqui a cinco anos você irá conseguir quadruplicar suas vendas fazendo exatamente o que faz hoje em sua rotina? A resposta foi, obviamente, não. Seria humanamente impossível ele aumentar o faturamento naquela proporção fazendo a função de seu time.

Este caso é a realidade muito comum de gestores, que deveriam estar projetando as condições para atingir os objetivos no médio e longo prazo e, ao invés disso, são afogados pela operação. Muitos acreditam que seus problemas se resolveriam apenas contratando mais pessoas, o que, na prática, pode até piorar a situação, se não houver processos definidos e tempo disponível para desenvolver as pessoas. Há ainda outros problemas que agravar mais, como *turnover* alto do time, problemas de clima organizacional etc. Mas como então líderes podem adquirir mais tempo disponível para se tornarem mais táticos e estratégicos? A solução é delegar tarefas.

O processo de delegação não é tão simples quanto possa parecer, afinal, se fosse algo fácil de se fazer, não existiriam tantos líderes centralizadores, mas, ainda sim, é o melhor caminho para tornar os resultados escaláveis. Conforme vimos, literalmente as pessoas são reflexo de seu líder, portanto, se de modo geral o time é júnior demais, é responsabilidade do líder mudar isso. Gosto de usar a expressão popular no meio corporativo que delegar é diferente de "delargar". Delargar seria apenas terceirizar uma responsabilidade ou uma tarefa, sem fornecer as condições necessárias ou o devido alinhamento de expectativas, por mais simples que isso possa ser. A seguir, alguns princípios para a delegação de tarefas que compartilho com líderes em processos de consultoria.

- **Se apegue aos resultados que você precisa e não à tarefa em si.** Muitas vezes líderes não delegam, pois acreditam que determinadas funções são única e exclusivamente deles, mas a verdade é que precisam dos resultados das atividades, não importando quem as faça.
- **Se a pessoa estiver 60% pronta, delegue!** Na maioria das vezes que achamos que alguém não está 100% pronto para uma responsabilidade, é simplesmente pelo fato de não fazerem do nosso jeito. Existem formas diferentes de se fazer algo e líderes não devem se apegar a sua forma, mas sim aos resultados.
- **Acompanhe a execução, mas deixe que tenham autonomia para tomarem decisões no processo.** Isto tem relação com o item anterior e também o excesso de cobrança e acompanhamento gera desconfiança e insatisfações. Faça *follow ups* sobre o andamento dos trabalhos, mas cuide o microgerenciamento. Importante estabelecer relações de confiança, para que quando houver problemas, as pessoas o informem, sem que precise cobrar delas.
- **Se só você pode fazer, delegue parcialmente a tarefa.** Ou seja, divida a responsabilidade e ações mais operacionais para alguém do time e foque na parte mais importante da tarefa. Por exemplo, fazer apresentações de resultados para a diretoria possa ser talvez responsabilidade do(a) líder da área, porém montar os slides ou analisar os indicadores são atividades que podem ser delegadas a analistas.
- **Invista tempo de qualidade em orientações, treinamentos e acompanhamentos.** O nível de maturidade da equipe é responsabilidade do líder, portanto, para ter uma equipe sênior e autônoma, é necessário tempo e energia do líder desenvolvendo cada membro do time.

A partir desses princípios, convido o(a) leitor(a) a elencar tarefas de sua rotina que podem ser legadas, utilizando essa lógica. Caso não possua cargo de liderança, tente fazer este exercício pensando nas atividades que seu chefe direto executa e que, na sua visão, poderiam e deveriam ser legadas. Após esse levantamento, deve-se tomar o cuidado para não delargar responsabilidades e, para isso, trago na sequência o passo a passo para delegar tarefas de forma eficaz.

1. Detalhe exatamente o que precisa ser feito.
2. Descreva o contexto da tarefa, quem precisa, por que precisa e qual a urgência.
3. Explique por que essa é a pessoa certa para esta função e não outra.
4. Esclareça os resultados esperados.
5. Alinhe as expectativas, como: prazos, especificações (Excel, PowerPoint, documento impresso), orçamento disponível, necessidades envolvidas etc.
6. Faça reportes de acompanhamento.

Obviamente, dependendo da função, área de atuação, cargo e momento da empresa, é impossível se livrar totalmente das tarefas operacionais, mas, ainda assim, gestores devem canalizar seu tempo e energia em estratégias de médio e longo prazo e quanto mais alto o cargo na organização, mais devem valorizar tarefas estratégicas.

7.2 ROTINAS E BOAS PRÁTICAS

Ao delegarem tarefas de forma eficaz, abrem-se brechas na agenda para que os líderes possam focar então nas funções que as empresas lhes cobram muitas vezes, quando exigem que sejam menos operacionais. Mas quais são essas tarefas? Onde líderes devem manter o foco de sua gestão?

Quando se trata de gestão, existem poucos "certos" e "errados" e muito menos receitas de bolo. O que se aplica a determinados líderes e empresas, não se aplica a outras pessoas ou lugares. Contudo, há aquilo que estatisticamente é comprovado e iremos nos basear nisso aqui. Segundo pesquisas apresentadas por Goleman (2015), com gestores de distintas empresas, aqueles que possuíam maiores resultados, canalizavam sua atenção em três tipos, que o próprio autor chama de o foco triplo do líder. Adaptando esses conceitos, independentemente do cargo ou segmento, líderes devem focar sua gestão nas esferas apresentadas na Figura 12.

A partir dessa visão, serão expostas algumas rotinas e boas práticas de mercado que acompanho em meus trabalhos e com colegas consultores, utilizadas por líderes na gestão. Porém, vale ressaltar novamente que não existem fórmulas prontas. Portanto, o leitor deve conhecer essas ferramentas e adaptá-las conforme sua empresa, cargo, área de atuação e nível do time.

Figura 12 – Foco triplo da liderança

Fonte: o autor

Foco em resultados: acompanhamento dos resultados da área e da empresa e performance das pessoas.

Rotinas para resultados:

- **Standup meeting** – reuniões diárias e em pé, onde cada membro do time apresenta o que foi feito ontem, o que será feito hoje e quais dificuldades possa ter no trabalho. São eficazes para acompanhamento de tarefas, balanceamento de demandas e sinergia entre as pessoas, pois todos sabem o que cada um faz.

- **Análise de indicadores de desempenho** – ter clareza de quais números representam a performance da área ou da empresa, acompanhá-los com periodicidade definida e análise e divulgação para as pessoas envolvidas.

- **Quadro de demandas** – podendo ser digital via aplicativos ou físico em paredes, é uma ótima forma de compartilhar informações e controle de entregas, onde as próprias pessoas do time alimentam com o status das tarefas. Podem ser divididos em três colunas: pendentes, em andamento, concluídos.

- **Conversas de performance** – reuniões periódicas e individuais sobre performance de colaboradores, com base em entregas, comportamentos, fatos e dados, com o intuito de manter o nível das entregas e a motivação.

- **Follow ups de tarefas** – quando projetos e demandas possuem prazos específicos, pode-se dividir a entrega em pequenas validações, a fim de garantir as datas e a qualidade da tarefa.

- **Controle de orçamentos e despesas da área** – cada departamento da empresa contribui para seu resultado não apenas com faturamento ou entregas, mas com resultados financeiros. Portanto, o desempenho do time deve ser nesta esfera também, para que os resultados possam ser sustentáveis.

Foco nas pessoas: atenção e energia canalizadas nas pessoas, em suas percepções, emoções e motivações no trabalho.

Rotinas para pessoas:

- **"Contratos" de trabalho** – acordos de convivência construídos com as pessoas do time, visando a condutas, comportamentos, regras de trabalho e bom clima organizacional.

- **PDIs** – planos de desenvolvimento individual, com ações para capacitação e orientações para a carreira. PDIs são documentos, mas suas estruturações são feitas em conjunto com o colaborador.

- **Almoços individuais** – tirar dias da semana para almoço com pessoas do time, para conversarem de assuntos não relacionados ao trabalho, auxilia na compreensão de fatores motivacionais e reduz sentimento de favoritismo, pois cada colaborador possui tempo de qualidade com o(a) líder.

- **Conversas de expectativas** – podem ser vinculadas a conversas de performance, ou de PDIs, ou então, aos almoços individuais. Importante ter essas conversas periódicas e evitar o uso de aparelhos eletrônicos, para maior presença do(a) líder e atenção às emoções dos liderados.

- **Treinamentos, mentorias e capacitações** – não apenas terceirizados, mas também executados pelos próprios líderes. Isso permite maior engajamento, motivação e percepção mais realista sobre os colaboradores.

Foco na visão sistêmica: planejamento ao longo do tempo, visão de causa e efeito e atenção ao clima organizacional.

Rotinas para visão sistêmica:

- **Caminhadas na operação** – ir até a operação, chão de fábrica ou se inserir no meio dos analistas e assistentes para analisar de fora os processos funcionando, apenas observando.

- **Networking** – tempo destinado a criar conexões com pessoas-chave da empresa e identificar normas sociais do ambiente, como conflitos e influências.

- **Mapas de processo** – estruturação de fluxos de processos, com quantidade de pessoas envolvidas, tempos de operações e análise dos desperdícios.

- **Gestão de conflitos** – energia aplicada a identificar, mediar e gerir conflitos entre as pessoas do time ou com outras áreas.

- **Pesquisas de clima** – para identificar percepções dos colaboradores.

- **Reuniões de inovação** – encontros com ferramentas e técnicas para geração de ideias, aplicação de projetos e gestão de mudanças. Recomendada frequência mensal.

- **Planejamento orçamentário vinculado a indicadores de desempenho** – tempo destinado a estruturação e acompanhamento de orçamentos de acordo com objetivos e indicadores das áreas. Recomendada frequência trimestral.

7.3 DESENVOLVIMENTO DAS PESSOAS

Independentemente do nível hierárquico em uma organização, líderes terão sempre o papel de desenvolver pessoas. Mesmo um CEO é responsável por orientar e capacitar seus diretores e vice-presidentes, diretores devem desenvolver gerentes e estes devem desenvolver coordenadores, e assim por diante. Conforme já mencionado, o nível de maturidade de competência do time é responsabilidade do líder, portanto investir tempo e energia em desenvolver as pessoas é fundamental.

A melhor ferramenta para desenvolvimento pessoal é o feedback. Já presenciei reuniões de desempenho com o presidente de uma empresa em que vários diretores expuseram a necessidade de receber feedback para conhecimento de como anda seu trabalho e alinhamento de expectativas. Isso mostra que, não importa o cargo e status, as pessoas precisam saber como estão indo. Uma técnica prática e de fácil aplicação, compartilhada pelo Center for Criative Leadership (Centro de Liderança Criativa), é a S.C.I. (situação, comportamento e impacto). Essa técnica pode ser usada tanto para alterar comportamentos negativos quanto para valorizar comportamentos positivos. A S.C.I. consiste em um diálogo de três etapas, conforme descrição a seguir.

1. **Situação:** descreva uma situação específica, incluindo data e local que demonstre o que será discutido.

2. **Comportamento:** identifique quais os comportamentos observáveis que reforçam os resultados, sejam eles negativos ou positivos.

3. **Impacto:** esclareça os resultados dos comportamentos, em termos de impactos. Traga fatos, dados, números, relatos etc.

Na sequência veremos três exemplos de feedback com o uso da técnica.

Figura 13 – Exemplos de feedbacks com técnica S.C.I

Fonte: o autor

Outra maneira importante de desenvolvimento das pessoas são as conversas de performance. Os feedbacks S.C.I. ocorrem normalmente de forma mais informal, sem agenda programada e em momentos próximos das situações ocorridas. Já as conversas de performance possuem uma periodicidade maior, recomendado a cada três meses e com duração entre uma hora e uma hora e meia. Empresas mais maduras possuem ciclos bem estruturados de avaliação de desempenho de colaboradores e, em tais casos, essas conversas se tornam as devolutivas das avaliações. Mesmo que não tenham este processo definido, líderes podem realizar as conversas em outro formato.

Independentemente do modelo utilizado, as conversas de performance devem contemplar dois eixos de análise: aderência à cultura e resultados. Para o primeiro, é preciso ter clareza de quais os comportamentos encorajados e desencorajados da cultura da organização. Caso não haja isso definido, é possível estruturar tais comportamentos utilizando os valores da empresa, com o auxílio da área de recursos humanos, porém é importante que a atenção seja em comportamentos, e não no valor em si. Por exemplo, muitas empresas adotam o valor de foco em resultados, contudo, em uma conversa de performance, a liderança irá avaliar quais comportamentos os colaboradores têm que dizem respeito a esse valor, tal como inconformismo ou proatividade, por exemplo. Já no segundo eixo, nos resultados, serão analisados os números relacionados ao desempenho e performance do colaborador, como: metas de vendas, pedidos atendidos, entregas de projetos etc.

A partir desses dois eixos, é possível fazer as análises apresentadas na Figura 14.

Figura 14 – Cultura x Desempenho

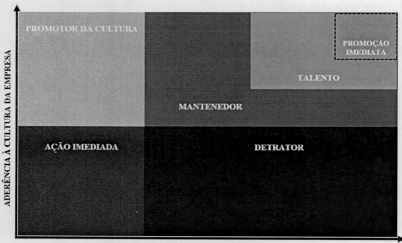

Fonte: o autor

- **Ação imediata:** este é um ponto de bastante atenção por parte da liderança, pois trata-se de um colaborador com baixa aderência à cultura da empresa e baixo desempenho. Ação imediata não significa necessariamente demissão, mas sim que o(a) líder precisa estar presente e fornecer apoio e direção. Muitas vezes, pessoas nessa posição estão em funções erradas e\ou desmotivadas. Durante a conversa de performance, é importante que líderes procurem compreender perfil, fatores motivacionais e que ouçam atentamente as percepções, emoções e motivações do colaborador.
- **Promotor da cultura:** apesar do baixo desempenho, há um grande potencial neste nível. Deve-se tomar cuidado para não assumir grandes responsabilidades no momento, entretanto pode ser um grande aliado do líder, devido à alta aderência, é uma pessoa que contagia as demais com os comportamentos encorajados na cultura da empresa. Dessa forma, líderes podem utilizá-los em ações internas de engajamento ou clima

organizacional. Importante que sejam expostos, ao colaborar na conversa de performance, os indicadores de seu desempenho e quais ações podem ser feitas para melhorá-los.

- **Detrator da cultura:** de certa maneira, um risco para a equipe, podendo minar a liderança da gestão, pois este colaborador adota comportamentos que vão contra a cultura da empresa, contudo é muitas vezes confiante por entregar bons resultados. Já acompanhei gerentes comerciais cujo vendedor com maior faturamento era um grande detrator da cultura, impedindo o crescimento dos demais e tornando o líder refém de seus resultados. Após tomarem a difícil decisão de demiti-lo, a média geral de vendas do time aumentou, compensando os resultados do colaborador dispensado. Uma opção é direcionar este perfil para funções ou projetos individuais, ou seja, que não interajam muito com os outros. Mas é importante que o(a) líder apresente os comportamentos desencorajados na conversa de performance.

- **Mantenedor:** são os colaboradores considerados medianos em termos de resultado e\ou aderência à cultura. Contribuem de forma positiva para o funcionamento do setor. É preciso apenas atenção, para que não fiquem desmotivados, devido à atenção da liderança naqueles com alta ou baixa performance. O foco nos extremos normalmente causa esquecimento daqueles que de fato fazem a engrenagem rodar massivamente.

- **Talento:** devem ser reconhecidos pelos comportamentos e desempenho. Este reconhecimento pode ser feito com feedbacks, status, bonificações financeiras estruturadas, como comissões e até promoções de cargo. Importante que se sintam valorizados.

- **Promoção imediata:** aqueles que promovem a cultura de forma genuína e com desempenho acima da média, podem ser considerados escassos, portanto, precisam ser valorizados pela liderança e de forma financeira também, pois possivelmente são ou serão assediados pela concorrência.

Para auxiliar no processo de condução de uma conversa de performance, seguem algumas instruções que podem servir de roteiro:

1. Marque a agenda com o colaborador, com título claro e tempo definido.
2. Inicie criando conexão, perguntando como está o trabalho, momento pessoal e profissional.
3. Deixe claro que este é um ambiente seguro e que nada que será dito na conversa, será exposto a outras pessoas.
4. Apresente sua análise do desempenho do colaborador, com fatos, dados e números que reforcem os argumentos.
5. Ouça atentamente a percepção da pessoa sobre o próprio desempenho e resultados, sejam eles positivos ou negativos.
6. Utilize o feedback S.C.I. para abordar a questão comportamental relacionada à cultura. Importante que, se presencialmente, não utilizem aparelhos eletrônicos, para total presença.
7. Ouça atentamente a percepção do colaborador sobre seus comportamentos, sejam eles encorajados ou desencorajados.
8. Estruture um plano de ação para o desenvolvimento e forneça orientações para a carreira.
9. Convide o colaborador nos minutos finais para um momento de fala aberta, ou seja, que ele aborde qualquer assunto que deseja.
10. Agradeça e motive-o utilizando fatores emocionais.

7.4 TIMES DE ALTO DESEMPENHO

Tão importante quanto analisar os resultados do time é fornecer as condições para o alto desempenho. Muito se fala sobre isso nos dias de hoje, porém, de forma superficial. Mas o que as pesquisas nos dizem sobre esse tema? No livro *O princípio do progresso*, os autores Amabile e Kramer (2013) apresentam um trabalho muito profundo, que será apresentado no próximo capítulo, em que foi constatado que o alto desempenho coletivo é sustentado por quatro pilares e estes, então, devem ser foco dos líderes para criarem as condições que aumentem a performance do time. A seguir, serão apenas apresentados esses pilares, pois as ferramentas e conhecimentos de como desenvolvê-los na prática serão abordados adiante.

- **Criatividade** – é a capacidade das pessoas de apresentarem ideias novas e úteis. Está relacionada principalmente à solução de problemas, ou inovação e melhoria de processos. A criatividade é um dos fatores cruciais para o alto desempenho na atualidade, porém esse fator apenas é insuficiente.

- **Produtividade** – em uma organização, consiste nos resultados gerados sobre os recursos utilizados para isso. Resultados podem ser: receita gerada, vendas realizadas, produtos produzidos, serviços concluídos, tarefas executadas etc. Já os recursos utilizados estão relacionados a: custos de operação, tempo gasto, pessoas necessárias, matéria-prima utilizada, entre outros. Portanto, para aumentar a produtividade do negócio, é preciso gerar mais resultados com os recursos já existentes.

- **Comprometimento** – é referente à atitude das pessoas, ao compromisso com os objetivos, cultura da empresa, projetos da área e a liderança. Possui relação direta com motivações intrínsecas, ou seja, interesses, satisfação e prazer pessoal.

- **Coleguismo** – caracteriza-se pelo engajamento das pessoas e é atribuído a qualquer atitude que contribua para a coesão do time. É a competência socioemocional de trabalho em equipe, apresentada no capítulo dois, aplicada ao grupo. Conflitos internos e clima organizacional são fatores que interferem diretamente neste pilar.

7.5 PRÁTICA VS TEORIA

Foram aqui apresentadas estratégias para gestão de times que podem ser utilizadas por qualquer líder, em qualquer nível, como: delegação de tarefas e responsabilidades, boas práticas, foco triplo da liderança, feedbacks, conversas e avaliação de performance e pilares do alto desempenho. Entretanto, para a prática dessas estratégias, é necessário que sejam criados rituais e rotinas de gestão, que permitam sua aplicação no dia a dia, senão não passam de teoria acumulada pelo leitor. Dessa forma, é importante ressaltar que nem todas as técnicas e ferramentas se aplicam a todos os casos, e os líderes devem adaptá-las para suas realidades de empresa, departamento, segmento de atuação e modelo de negócio, conforme necessidade.

8.
A VIDA INTERIOR NO TRABALHO

Você já trabalhou em uma empresa que se vangloria de que nela as pessoas são avaliadas unicamente pelos seus desempenhos e utiliza de um sistema meritocrático de remuneração bem estruturado, como bonificações de performance e participações de resultados? Organizações assim, visadas por muitos gestores, possuem indicadores de desempenho de colaboradores estruturados e fazem gestão baseadas em metodologias como OKRs (objetivos e resultados-chave), ou bonificações por performance. Normalmente, utilizam testes de perfil comportamental em processos de recrutamento, oferecem cursos técnicos aos colaboradores e valorizam o conhecimento das pessoas. Esses pontos não são necessariamente ruins, aliás, são positivos; contudo, empresas que se baseiam apenas nesse modelo de gestão de pessoas, acabam negligenciando um importante fator relacionado a performance coletiva, que é a vida interior no trabalho. Isso se dá porque as estratégias citadas envolvem apenas motivações extrínsecas, como dinheiro e status, e não levam em consideração fatores humanos por trás dos números.

Ao chegarem no trabalho, as pessoas não deixam suas emoções e pensamentos no lado de fora dos portões da empresa. Boa parte de quem são influencia seus resultados, portanto analisar apenas fatores quantitativos e numéricos tira do campo de visão dos gestores fatores que realmente impactam no desempenho das pessoas. Por isso, o conceito se chama vida interior no trabalho. Vida, visto que as pessoas passam boa parte de seu tempo no trabalho; interior, pois cada indivíduo tem sua própria experiência; e, no trabalho, já que é avaliada a vivência do dia a dia da profissão.

A vida interior no trabalho se manifesta de forma não verbal, ou seja, é algo muito mais profundo do que é dito em reuniões com o chefe, ou em pesquisas de clima organizacional. É a parte invisível da experiência que cada um vive no trabalho e, na maioria das vezes, de forma inconsciente.

Pense como um gestor em uma reunião com seu time, fazendo uma crítica negativa devido a atrasos de pedidos. Este gestor talvez possa perceber que algumas pessoas não gostaram da crítica ou que discordaram das ideias em função dos argumentos ou das suas expressões faciais. Porém, o que ele provavelmente não irá perceber é o sentimento de raiva de alguns, por acharem injustas as críticas, ou a frustração por não terem atendido as expectativas, ou ainda, a sensação de desconfiança por acharem que o gestor não tem legitimidade para o cargo.

Esse é apenas um dentre vários exemplos que podem ser citados para demonstrar como a vida interior no trabalho se manifesta. Ela representa a experiência de cada um por meio dos pensamentos, sentimentos e motivações desencadeados pelos eventos, durante a jornada de trabalho.

Imagine que você fosse uma mosca quase invisível, voando dentro da empresa onde trabalha, em um dia comum e observando tudo que acontece por lá. Você provavelmente veria sorrisos, caras fechadas, pessoas respondendo e-mails, outras olhando para o relógio contando os minutos, conversas formais ou encontros nos corredores, alguém parado na frente de uma impressora esperando, como se a pessoa fosse interligada com aquela máquina, entre muitas outras situações e comportamentos. Agora pergunto, nessa condição, você seria capaz de compreender a vida interior no trabalho dessas pessoas nesse dia? A resposta é não! Com certeza, estaria fora de seu campo de observação suas percepções sobre si mesmos enquanto profissionais, as atividades que executam, a empresa a que pertencem, além de seus próprios fluxos internos de emoções e suas motivações, interesses e satisfações pessoais. Infelizmente (ou felizmente), não existe um aparelho de escâner que nos permita ver esses processos internos das pessoas, mas com certeza estão presentes em cada um.

O termo *vida interior no trabalho* foi criado por Amabile e Kramer (2011), após uma pesquisa realizada por eles, com mais de 12 mil relatos diários de colaboradores de empresas. Durante o processo, os pesquisadores correlacionaram os dados com os fatores que interferem na vida interior no trabalho das pessoas e que, por consequência, impactam no desempenho, criatividade etc. Por exemplo, foi constatado que nos dias em que vivenciavam algum evento de carga emocional negativa significante, como uma discussão com o chefe, os colaboradores eram bem menos propensos a desenvolver ideias criativas e inovadoras, do que nos dias onde não havia esses eventos. Como conclusão, foi identificado, no fim da pesquisa, que a experiência de cada indivíduo no trabalho, seja ela positiva ou negativa, é a soma de três fatores:

- **Percepções:** forma como se percebe os colegas, o trabalho que realiza, o chefe e a empresa. Tem relação com senso de pertencimento e importância daquilo que se faz.
- **Emoções:** tipo e grau de intensidade das emoções sentidas durante os eventos na jornada de trabalho, sejam elas benéficas ou não.
- **Motivações:** intrínsecas (interesses pessoais, prazer e satisfação) e extrínsecas (dinheiro, status, bens etc.).

Esses três aspectos juntos interferem não só na experiência, mas também na criatividade, motivação e desempenho de cada um. Lembro-me de uma situação que representa bem este conceito. Uma empresa em que atuei costumava fazer convenções de líderes, das quais participavam em grandes auditórios, anualmente, todos os gestores da empresa, para alinhamento de expectativas para o próximo ano, capacitações e confraternizações pelos resultados atingidos. Era de fato um grande evento.

A organizadora era a diretora de recursos humanos, que tinha muita competência neste tipo de experiência vivencial. Ao final da programação, no terceiro dia de convenção, cada diretor deu um discurso motivacional, comentando sua percepção do evento, e, por último, quando a diretora de RH (única mulher na alta gestão) pegou o microfone para falar, um dos executivos o roubou de sua mão e disse: "agora chega de falação e vamos para o *happy hour*". Ela deu risada e na sequência todos saíram para festejar.

Meses depois, em uma conversa privada com essa diretora, ela me relatou que naquela situação havia fica muito constrangida e triste. Disse que se sentiu como se ela não tivesse direito de estar lá com os outros executivos e que não era competente o suficiente. Como se não tivesse voz entre os demais diretores. Seu desempenho enquanto gestora caiu, assim como sua satisfação no trabalho, pois o que a motivava naquela empresa era justamente a autonomia e reconhecimento. Ela me relatou ainda que estava procurando emprego naquele momento. Este exemplo nos mostra que, não importa o cargo e nível dentro da organização, todos nós (sem exceção) temos uma vida interior no trabalho e que envolve as percepções, motivações e emoções derivadas dos eventos que vivenciamos.

Mas se a vida interior no trabalho é uma experiência individual, por que então este é um fator tão importante para um líder? Porque ela é desencadeada pela forma como reagimos aos eventos diários e quando várias pessoas vivenciam os mesmos eventos, ao mesmo tempo e com frequência, elas têm experiências pessoais extremamente parecidas. Em função disso, impactando diretamente no progresso da empresa.

Para melhorar então a vida interior no trabalho dos colaboradores, é necessário que sejam compreendidos os aspectos que a compõem. Repare que eu usei o termo *compreender* e não *melhorar*, porque o esforço maior dos líderes e profissionais de recursos humanos deve partir primeiramente da identificação e entendimento das percepções das pessoas, de quais emoções sentem com frequência e de onde vêm suas motivações. A partir disso, é possível fazer ações para o desenvolvimento desses aspectos. Mas existem duas estratégias que estão mais ao alcance da gestão e têm um impacto muito poderoso na experiência diária das pessoas, segundo Amabile e Kramer (2011). São elas: o trabalho com significado e o poder das pequenas vitórias.

8.1 O TRABALHO COM SIGNIFICADO

Trabalho com significado não quer dizer necessariamente propósitos grandes e nobres, como acabar com a fome, ou algo de cunho social. Poder ser simplesmente entender a importância da tarefa que precisa ser realizada para a empresa, ou enxergar os ganhos e benefícios de um projeto no longo prazo, ou ainda, ajudar um colega de trabalho. Perceber significado no trabalho é fundamental para que a experiência do colaborador seja boa. Se o leitor já passou por isso, com certeza irá entender quão frustrante é fazer uma tarefa que julgue inútil ou desnecessária.

O líder pode influenciar tanto positiva quanto negativamente neste processo, fazendo com que as pessoas ganhem ou percam o significado no trabalho que realizam. Ele pode fornecer significado explicando o porquê das coisas, trazendo uma visão holística do todo, ou, então, tornando o trabalho algo gratificante, como incentivar o espírito de equipe, ao auxiliar um colega em suas demandas. Quando se trata de perda do sentido oposto, Amabile e Kramer (2011) abordam quatro tipos de situações que fazem as pessoas negarem o significado no trabalho e, por consequência, impactam negativamente em suas percepções, que, por consequência, pioram sua vida interior no trabalho:

- **Ter seu trabalho ou ideia descartados pelo seu chefe** – quando não são levados em consideração, ignorados ou não fornecido o devido valor.
- **Perder sentido de propriedade sobre o trabalho** – quando o chefe ou colega ganha o crédito pelo seu trabalho.
- **Duvidar da utilidade do trabalho** – quando não se enxerga valor ou importância naquilo que se está fazendo.
- **Sentir-se mais competente do que o trabalho exige** – quando se acredita que se poderia estar assumindo novas responsabilidades ou está sendo subaproveitado.

8.2 O PODER DAS PEQUENAS VITÓRIAS

Além de fornecer significado no trabalho, a melhor forma de potencializar a vida interior no trabalho é valorizar as pequenas vitórias. Amabile e Kramer (2011) constataram em sua pesquisa que o percebimento de progresso no trabalho é uma ótima "pílula" para gerar emoções positivas, além de desenvolver percepções positivas sobre a função exercida. Se esses progressos (por menores que possam ser) estiverem conectados com algum interesse ou satisfação pessoal, o resultado é ainda mais poderoso. Sendo assim, desenvolver estratégias e modelos de trabalho que permitam que os colaboradores percebam progresso nas atividades, melhora a vida interior no trabalho e, por consequência, aumenta o desempenho e engajamento. Mas como fazer isso na prática?

É preciso quebrar o status quo e repensar modelos tradicionais, confesso que não existe talvez algo pronto que possa ser replicado de forma plena, mas existem algumas ações nesse sentido já feitas por empresas.

Uma das áreas de trabalho com maior satisfação das pessoas é tecnologia da informação, mais precisamente programação e desenvolvimento. Já ouvi que isso se dá porque os profissionais ficam o dia todo olhando para um computador e pouco interagem com outras pessoas. Pode até ser que isso seja um ponto levado em consideração para alguém muito introvertido. Mas o real motivo de o trabalho de programador e desenvolvedor ser tão gratificante para quem o exerce é que as pessoas veem o progresso de seus esforços constantemente. Não há tanta necessidade de um chefe lhe dizer que o programa está bem-feito, conforme o próprio programador avança no processo, ele testa as etapas e vê seu programa rodar. Portanto, se o algoritmo funciona como previsto, o trabalho foi bem-feito. A mesma lógica se aplica à área de vendas, o próprio vendedor sabe se o trabalho é bem-feito, quando concretiza a negociação e recebe uma comissão da venda. Se sua execução é ruim, não há venda. Amabile e Kramer chamam isso de o próprio trabalho dando feedback para o colaborador.

A estratégia então para potencializar as pequenas vitórias é criar mecanismos semelhantes ao trabalho dos programadores e desenvolvedores. Algumas empresas utilizam experiências *gamificadas*, que funcionam muito bem. Como, por exemplo, os colaboradores que são engajados nos treinamentos ou ações da organização somam pontos e os melhores ranqueados recebem bonificações ou prêmios. Essa lógica pode ser aplicada para as funções exercidas pelas pessoas no dia a dia, como em algumas plataformas utilizadas nas empresas, que permitem que colegas e chefes deixem um depoimento positivo sobre o trabalho de alguém. Todas essas ações, e muitas outras, permitem a sensação de progresso no trabalho e gerar emoções e percepções positivas no curto, médio e longo prazo, e, com isso, aumentam o desempenho.

Como já afirmei antes, não existem fórmulas mágicas, então, é possível que essas estratégias que mencionei não se apliquem a todas as empresas ou segmentos de atuação, ou departamentos. Eu compreendo isso, mas também o leitor deve se atentar, para que não seja um viés individual seu, justificando a não execução delas. Entretanto, a melhor forma de gerar sentimento de progresso no trabalho é o feedback vindo do líder e essa estratégia, sim, pode ser aplicada em qualquer cenário. Portanto, invista em feedbacks positivos constantemente, para que eles gerem cargas emocionais positivas e, por conseguinte, reduzam as cargas emocionais dos eventos negativos, no longo prazo, melhorando a vida interior no trabalho das pessoas. Além disso, recomendo também celebrar sempre as conquistas individuais e do grupo, mesmo que pequenas, e buscar adaptar as funções, com sistemas de trabalho semelhantes aos de gamificação e programação de sistemas que mencionei.

Lembrando que as relações de poder exercem maior influência sobre as pessoas e, por essa razão, os líderes têm maior impacto sobre a vida interior no trabalho das pessoas. Boa parte dos eventos vivenciados pelos colaboradores na profissão são por influência do chefe e colegas, e não por fatores externos. O grande desafio dos profissionais de recursos humanos e gestores é trazer a consciência, para as pessoas, dos impactos de seus comportamentos sobre os liderados, além de buscar sempre gerir conflitos entre os membros do time da melhor forma.

Por fim, deixo uma última reflexão neste capítulo. Líderes podem ter a vida interior no trabalho das pessoas como um grande aliado do alto desempenho, ou como um fator negligenciado minimizando seus resultados. A escolha é sua, meu papel aqui foi trazer a consciência sobre estes aspectos, que volto a repeti-los, para que o leitor sempre se atente a eles: percepções (sobre si mesmo, o trabalho, o chefe e a empresa), emoções (tipo de emoção e grau de intensidade sentido) e motivações (interesses, prazeres e satisfações pessoais).

9.
ANTES DE SER CRIATIVO, SEJA PRODUTIVO!

O ambiente de negócios está mudando constantemente e aquelas organizações que não são flexíveis às mudanças acabam perdendo competitividade no mercado. Por essa razão, a necessidade de inovação se torna cada vez maior e, com isso, líderes exigem cada vez mais ideias criativas de seus times. Afinal, o processo de tomada de decisão se torna muito mais simples quando analisamos ideias, opiniões e percepções diferentes. Portanto, o caminho para o progresso da organização é estimular a criatividade das pessoas, envolvendo-as no processo de inovação. O problema é que, muitas vezes, a cultura da empresa e até mesmo o próprio gestor podem estar "assassinando" a criatividade das pessoas sem que percebam, devido a fatores comuns nos dias de hoje, como sobrecarga de trabalho e estresse. Para mudar isso, é preciso primeiro compreender o que é de fato a criatividade, como ela surge no trabalho e quais ações as empresas tomam que podem reduzir esta capacidade no time.

9.1 O QUE É CRIATIVIDADE E INOVAÇÃO?

De acordo com Amabile e Kramer (2011), criatividade é algo moderno, criado e útil. Ou seja, é algo novo e que possui alguma função, como melhorar um processo ou solucionar um problema. Já a inovação é a aplicação bem-sucedida das ideias criativas. Sendo assim, para que uma organização gere inovação é preciso testar, aplicar e validar as ideias criativas. Segundo a mesma autora, a criatividade vem de uma motivação intrínseca e o tempo destinado ao desenvolvimento de ideias. Logo, ninguém é criativo porque o chefe exige, ou por pressão da empresa. A criatividade surge da motivação de cada um, relacionada com algum interesse, prazer, satisfação ou propósito com o trabalho. Além disso, as pessoas são criativas quando estão em um ótimo estado emocional. Desse modo, ninguém é criativo quando está deprimido, estressado, quando terminou um relacionamento, ou quando discutiu com o chefe, por exemplo.

As ideias criativas ou insights que temos são novas redes neurais que o nosso cérebro faz, segundo o neurocirurgião Francisco Di Biase (Palestra..., 2013). Isso se chama plasticidade neural, que é a capacidade do cérebro de se adaptar e aprender, por meio de conexões entre os neurônios. Segundo Mantovani (2021), cada cérebro humano tem aproximadamente 86 bilhões de neurônios e cada um é capaz de fazer milhares de conexões com outros neurônios, ou seja, novas redes neurais. Perceba então a quantidade de novos aprendizados, ideias e insights que um único cérebro pode fazer ao longo da vida. Com isso, podemos entender que a criatividade é algo que pode ser desenvolvido nos times.

9.2 COMO AUMENTAR A CRIATIVIDADE DO TIME

De Masi (2004) desenvolveu um termo chamado de *ócio criativo*, que traz uma perspectiva do ócio como algo positivo. Quando feito de forma produtiva, por mais contraintuitivo que possa parecer, pode gerar grandes resultados para as pessoas. É muito comum associarmos o ócio a alguém deitado numa rede sem trabalhar, ou algo parecido, embora, na verdade, o ócio criativo seja o tempo de qualidade destinado à geração de ideias, como uma conversa de trabalho durante o café, uma reunião de criação etc. Isso tem total relação com o que, anos depois, Amabile e Kramer (2011) constataram em suas pesquisas em empresas. Pessoas com fator emocional negativo, ou com sobrecarga de trabalho, não eram criativas nesses períodos.

De acordo com o neurocientista Francisco Di Biase (Palestra..., 2013), nós podemos gerar novas redes neurais das seguintes formas: pelo contato com coisas novas, seja com livros, músicas, pessoas e lugares; enriquecimento do ambiente, ou seja, acrescentar quadros, plantas, cores novas, mudar o layout, ou dar um upgrade no lugar; prática de exercícios físicos, como caminhar depois do trabalho ou jogar futebol com os amigos; e durante uma boa noite de sono. O desafio dos líderes, nesse sentido, é traduzir esses fatores para a realidade de suas respectivas empresas, áreas e funções.

Di Biase (Palestra..., 2013) nos traz sugestões para nossa vida pessoal e melhora da criatividade individual, mas líderes podem ampliá-las para o coletivo. Por exemplo, os colaboradores podem ter contato com coisas novas por meio de treinamentos, palestras, livros nas horas de intervalo, mudanças de função temporárias, ou auxiliando colegas nas demandas e, até mesmo, se envolvendo em projetos da empresa que contemplem outras áreas. Além disso, podem promover atividades físicas com o time, ou apenas incentivá-los a praticá-las de forma individual, mas demonstrando o cuidado com a saúde das pessoas. Outra forma é promover quebras de estímulo no trabalho, como reuniões em locais diferentes e pausas estruturadas e periódicas no trabalho, com frequência predeterminada para relaxamento. Nesse sentido, pausas para o café já ajudam, mas é possível realizar pausas de ócio criativo mais produtivas.

Considerando esses conceitos, então, para aumentar a criatividade dos colaboradores e, com isso, aumentar a capacidade de melhorar processos, solucionar problemas da empresa e tomar decisões assertivas, é necessário proporcionar um ambiente de trabalho que favoreça a criatividade. Líderes e profissionais de recursos humanos devem buscar criar as condições que estimulam a criatividade, como: clima harmonioso, pessoas satisfeitas, condições de trabalho adequadas e explorar os fatores motivacionais de cada um. Além disso, é importante experimentar coisas diferentes com o time, ou seja, sair da rotina, dinamizar o trabalho, pausas para café em grupo etc.

A questão é que, no ambiente de negócios acelerado, é muito difícil criar essas condições e, para isso, foram criadas formas estruturadas para se fazer ócio criativo nas empresas. Essas técnicas são muito comuns em startups, onde a inovação e criatividade são fatores centrais da gestão. Alguns exemplos de metodologias com esse foco são: SCAMPER, design thinking, Project canvas, prototipagem acelerada, MVP (mínimo produto viável), sprints e entre outros. Recomendo ao leitor que tiver maior interesse que pesquise de forma mais aprofundada essas ferramentas e as tenha em seu arsenal de gestão. Tive contato com todas as que citei em empresas e por isso as indico. Mas vale ressaltar que não existe melhor entre elas, apenas preferência e tipo de aplicabilidade.

9.3 COMO AS ORGANIZAÇÕES PERDEM CRIATIVIDADE

Mas se a criatividade é tão importante nas empresas, por que a maioria acaba negligenciando este fator? Primeiramente, acredito sinceramente que muitos gestores ainda não compreendem a relevância e relação com o desempenho da criatividade. Preferem pessoas que apenas concordem com as decisões ou que não realizem as tarefas da mesma forma que sempre fizeram. Como muitos chefes devem pensar: "existem duas formas de executar, a minha e a errada". Mas não é apenas isso que inibe a criatividade e inovação. Na busca incessante por maiores resultados, muitas organizações acabam destruindo os aspectos citados que geram a criatividade nas pessoas, neste modelo de gestão. Por exemplo, empresas que trabalham com times reduzidos, ou com volumes de trabalho maiores que suas capacidades, ou ainda, falta de processos claros, acabam causando efeitos extremamente negativos no clima e no processo criativo. Isso se dá porque pessoas sobrecarregadas e ambiente de estresse geram, entre vários problemas, times desmotivados e falta de tempo para criação de novas redes neurais, ou seja, insights criativos.

Desse modo, ao invés de simplesmente cobrar das pessoas ideias ou colocar inovação como valor na apresentação institucional, líderes e profissionais de recursos humanos devem buscar criar as condições no trabalho para isso. Com esse intuito, é necessário focar primeiramente em ter processos definidos e balancear o volume de trabalho, para que, a partir disso, seja possível criar as condições favoráveis à criatividade e inovação. Já ouvi em empresas frases como: "não tenho tempo para inovação". Portanto, em outras palavras, antes de pensar em ser criativo e inovador, procure ser produtivo.

10
A ILUSÃO DE DEMITIR EM MASSA PARA SALVAR A EMPRESA DA CRISE

É muito comum no mundo corporativo gestores e executivos realizarem grandes reduções de quadro de colaboradores, a fim de minimizar custos. Isso se torna ainda mais frequente em períodos de crise. Mas será que essa é de fato a melhor alternativa? As pesquisas recentes mostram que não!

Empresas que realizam demissões em massa têm duas vezes mais tendência de declararem falência após essa decisão do que empresas que optam por outros meios de redução de custos e geração de investimento. Esse dado é baseado em uma pesquisa apresentada por Zorn *et al.* (2017), feita com 4.710 empresas, em 83 tipos de indústrias diferentes. Para isso, foi analisado o estado inicial de cada organização antes da crise, bem como seu patrimônio financeiro. O que foi constatado ao final é que o fator de maior relação em empresas que faliram após a crise foi o fato de terem realizado demissões em massa para reduzir gastos durante esse período, independentemente de patrimônio ou reservas financeiras.

Quando o assunto é gestão de negócios, não existem receitas de bolo e são poucos "certos" e "errados", mas podemos e devemos nos basear naquilo que estatisticamente é comprovado para tomarmos decisões. Além dos efeitos óbvios de se realizar grandes cortes, como clima negativo e ambiente de insegurança, as empresas perdem capacidade produtiva também. Afinal, independentemente do modelo de negócio, ao diminuir o quadro de colaboradores, a organização diminui o potencial de gerar resultados. Por mais que muitas vezes na prática possa parecer contraintuitivo, reduzir a capacidade de crescimento em uma crise pode ser um caminho sem volta.

Outro ponto negativo citado na pesquisa de Zorn *et al.* (2017) é a perda de capital intelectual, ou seja, ao demitir em massa, a companhia perde o conhecimento dos colaboradores, gerando custos de retrabalho e fortalecimento da concorrência, pois, assim que dispensados, a maioria procura os principais concorrentes da antiga empresa. Isso se agrava mais em empresas que não possuem processos bem definidos e com centralização de informação, sendo estas ainda mais dependentes do conhecimento das pessoas.

Mas se os efeitos de demitir em massa são tão negativos e "óbvios", por que ainda assim muitos gestores escolhem esse caminho? Isso se dá pelo fato de que todos os impactos citados não aparecem em relatórios contábeis no curto prazo, pelo menos não como uma conta específica. Já cortes de despesas com folha de pagamentos têm efeito direto "na veia" do DRE (demonstrativo do resultado do exercício). Contudo, no médio prazo, foi comprovado que, na maioria das vezes, essa estratégia é uma ilusão.

O que não é analisado pelos executivos são os custos não mensuráveis provenientes dos efeitos mencionados anteriormente. Se fosse possível quantificar os custos gerados pela perda de conhecimentos dos colaboradores, falta de engajamento, desmotivação, insegurança institucional e perda de potencial, com certeza estes seriam muito maiores do que os custos com folha de pagamento. Este é o fator que fica fora do campo de visão de muitos gestores na tomada de decisão.

Uma vez tive a ideia de estruturar um indicador de custo de *turnover* para uma grande empresa, onde eu sabia que sua rotatividade de colaboradores era alta. Fiz isso por apenas curiosidade, mas, quando apresentei os números para os gestores, a reação foi de espanto. Na época, levei em consideração custos como: hora dos recrutadores em triagem de novos currículos, hora de gestores em entrevistas de candidatos, horas de treinamento e integração na empresa, kits de boas-vindas, custos de rescisão de contrato, crachás, uniformes, entre outros. O resultado foi que esta empresa gastava por ano, em média, R$ 3.000.000,00 (três milhões de reais) com *turnover* e cada substituição de colaborador, ou seja, recontratação após demissão, gerava um custo aproximado de R$ 10.000,00 (dez mil reais).

Imagine, então, esses valores para aquela organização que mencionei, onde o CEO optou por demitir sessenta colaboradores, por conta de uma queda de dois meses seguidos de faturamento, devido ao início da pandemia de Covid-19. Apenas três meses depois dessa decisão, a demanda por produtos aumentou e o quadro de colaboradores voltou ao que era antes das demissões. Se aplicássemos os números utilizados no indicador anterior, esta empresa gastou R$ 600.000,00 (seiscentos mil reais) em demissões e recontratações, em três meses. Sem contar que existem outros custos do *turnover* que não é possível mensurar, portanto esse valor seria ainda maior. Agora lhe pergunto, leitor, será que valeu a pena realizar essas demissões?

Eu sei que talvez não teria como os executivos preverem que a demanda voltaria a crescer e que há situações em que demitir é a única opção. Mas a minha crítica aqui é relacionada com a facilidade com que muitos gestores demitem as pessoas, como quem se livra de roupas do guarda-roupa que já não utilizam mais. Muitas vezes, no momento de pressão, cortes de quadro são a primeira opção que vem à mente de executivos, antes mesmo do que reduzir outros tipos de despesas, ou venda de outros bens. É estranho pensar que demitir vários colaboradores seja mais "sensato" do que vender máquinas da empresa, ou rescindir o aluguel de um galpão. Isso porque, volto a falar, quando se olha o relatório de DRE, a folha de pagamentos normalmente é a maior ou uma das maiores despesas. Porém, é a partir do capital humano que vem a capacidade de gerar resultados da organização e, além disso, os custos de rotatividade não são levados em consideração.

Esta "armadilha" contábil pode atrair muitos executivos, ao pensarem que os cortes podem ser selecionados. Por exemplo, ao invés de cortarem o time de vendas que gera receita direta para a empresa, fazem demissões nas equipes de apoio, como área de treinamentos, projetos, TI, RH, financeiro, logística etc. Entretanto, esses departamentos também geram resultados para o negócio, mesmo que indiretamente, e a redução deles irá frear a retomada do crescimento.

Não quero aqui criar uma visão utópica, mas sim trazer reflexão diante de fatos, afinal, foi comprovado de forma estatística por Zorn *et al.* (2017) que organizações que escolheram o caminho de fazer grandes cortes de funcionários para saírem da crise, tiveram muito mais chances de falir do que aquelas que optaram por outros caminhos.

10.1 QUAL CAMINHO SEGUIR ENTÃO?

Conforme mencionado, não existem receitas de bolo, cada caso é um caso e deve-se sempre buscar uma visão holística das situações. Entretanto, existem meios mais eficazes do que demissões, para gerar os recursos financeiros à retomada do crescimento da organização. Veremos, no próximo capítulo, como é possível conseguir isso. Outro ponto que deve ser levado em consideração é que é pela capacidade intelectual dos colaboradores que surgirão as alternativas para a saída da crise. É quem está no dia a dia nas trincheiras empresariais que pode criar soluções de inovação. Lembre-se, líderes enxergam as pessoas como a solução, e não como o problema.

Tantos gestores falam publicamente que as pessoas são o maior ativo das empresas e abrem mão desse ativo sem pensar muito. Se o conceito de ativo é aquilo que traz maiores retornos ao longo do tempo, abrir mão de seu ativo mais valioso não parece uma decisão sensata, mesmo em períodos de crise.

11
O PRINCÍPIO DA PRODUTIVIDADE DAS ORGANIZAÇÕES

Assumir um novo cargo de liderança pode ser uma experiência desafiadora, seja por meio de uma promoção interna ou transferência para uma nova empresa. Em muitos casos, os líderes assumem organizações que enfrentam crises internas e financeiras, e, com isso, recebem a responsabilidade de retomada do crescimento financeiro do negócio. Mesmo aqueles que não enfrentam crises no momento, são cobrados por seus superiores a gerarem cada vez mais resultados.

Outro fator que exige aumento nos resultados das empresas é a forte concorrência em todos os segmentos, devido à globalização e melhores condições das economias, fazendo com que, nos dias de hoje, empresa que não cresce, não se mantenha por muito tempo. Os mercados crescem ano após ano e os concorrentes também, portanto não crescer ou manter o crescimento baixo não é uma opção. É questão de sobrevivência.

11.1 O PROPULSOR DO CRESCIMENTO

De modo geral, o crescimento em qualquer segmento é resultado de investimento aplicado de forma eficaz. Segundo Moreira (2019), investimento consiste em abrir mão de uma riqueza momentânea, na expectativa de um retorno maior ao longo do tempo e com o fator risco envolvido. Por exemplo, para um agricultor, investimento é ato de plantar sementes. A semente é uma riqueza, algo que tem valor. Após plantada, o fruto dessa ação, no caso o alimento, como o milho, tem um valor maior do que a riqueza inicial, quando no estado de semente. Dessa forma, ao plantar o agricultor abre mão de uma riqueza inicial, na expectativa de que dê frutos, que irão fornecer-lhe um ganho maior ao longo do tempo, e com o fator risco envolvido, pois não está descartado que uma praga ou temporal acabe com toda a plantação. Esses conceitos se aplicam a qualquer tipo de investimento na vida.

Nas organizações, os investimentos podem ser aplicados em: abertura de lojas, marketing, capacitações, contratações, aquisição de máquinas, consultorias, aluguel de galpões, aplicações financeiras etc. Contudo, em períodos de crise os recursos financeiros para o investimento são extremamente restritos ou quase nulos. Diante desse cenário de incerteza, muitos gestores enfrentam o dilema de que a organização não consegue crescer por falta de investimento, e não é possível investir por falta de crescimento. A fim de gerar esses recursos, é necessário, então, tornar a organização mais produtiva.

Agora, começarei a quebrar alguns paradigmas sobre esse tema, antes de entendermos de fato como tornar a organização mais produtiva. Gostaria de perguntar ao leitor: o que você entende por produtividade? Qual seria a definição que vem a sua mente? Infelizmente não sei exatamente o que pensou, mas posso afirmar que muitos executivos estudados não sabem o que é de fato ser mais produtivo. Muitos gestores confundem produtividade com produzir mais, o que, na realidade, podem ser coisas diferentes. Vamos compreender melhor isso então.

Produtividade pode ser definida como sendo a relação entre os resultados gerados sobre os recursos utilizados para isso, conforme Francischini e Francischini (2017). Os resultados nas organizações podem ser: produtos produzidos, receita gerada, serviços realizados, tarefas executadas, quantidade de pedidos entregues etc. Já como exemplos de recursos ou esforços utilizados, podemos citar: tempo (horas, dias, minutos), mão de obra, matéria-prima, dinheiro aplicado, energia gasta etc. Nesse sentido, para aumentar a produtividade em qualquer área, pode-se gerar mais resultados com os mesmos recursos disponíveis, ou gerar os mesmos resultados utilizando menos recursos do que antes. Esta é a lógica para tornar as organizações mais produtivas.

Por exemplo, se o departamento de logística de uma empresa entrega 100 produtos em 8 horas diárias de expediente e de repente passa a entregar 125 produtos no dia, fazendo 2 horas extras, esta empresa não teve ganhos de produtividade. Apesar de aumentar a entrega (resultados), utilizou mais esforço (horas de trabalho), na mesma proporção. Por outro lado, se esse mesmo departamento passa a entregar os mesmos 100 produtos em apenas 6 horas, obteve-se um aumento de produtividade de 25%. Perceba que, nesse caso, os resultados se mantiveram, mas diminuiu-se o esforço para atingi-los. Na lógica, os colaboradores trabalharam menos e entregaram mais. Se nessa nova conjuntura, com essa nova capacidade de entrega, o expediente se mantivesse em 8 horas, o departamento teria 33 produtos a mais do que no primeiro cenário.

    Recentemente, enquanto escrevo este capítulo, assisti a um vídeo de entrevista de um grande empresário brasileiro. Em um determinado momento, a entrevistadora pergunta qual estratégia ele utilizou para que sua empresa tivesse tanto crescimento. E ele responde que sempre teve em mente que gostaria de fazer o resultado de treze meses em apenas doze. Ou seja, que a empresa faturasse mais no ano, como se houvesse treze meses no calendário. Confesso que fiquei curioso para saber qual era a grande "sacada" que iria dar. Estava esperando algo como a implantação de uma nova tecnologia, ou a otimização de algum processo, ou então o investimento em treinamentos específicos, enfim. Foi quando ele falou: "Eu criei o sabadão de vendas. Começamos trabalhando um sábado por mês e logo os próprios vendedores pediam para trabalhar de três a quatro sábados".

    Vamos analisar. Conforme já mencionei anteriormente, em gestão existem poucos "certos" e "errados", mas, do ponto de vista de produtividade, a solução pouco inovadora desse empresário não é muito efetiva. A estratégia para aumentar os resultados foi literalmente trabalhar mais. Primeiramente, não acredito que isso seja sustentável no longo prazo, pois, ao trabalharem em vários finais de semana, o tempo de descanso dos colaboradores é reduzido e, com isso, também seu nível de energia durante a semana, fazendo com que sua capacidade de entrega seja menor do que se tivessem tempo de qualidade para recuperação. Além disso, mesmo que ele relate que os vendedores (que recebem comissões por vendas) pedem para trabalhar aos finais de semana, acredito que os setores de apoio (logística, análise de crédito, *backoffice* etc.) não tenham sido consultados. Outro questionamento: será que os colaboradores teriam liberdade e confiança para dizer não perante essa situação? Será que haveria a possibilidade de optarem em não fazer hora extra? De qualquer forma, este exemplo mostra como mesmo grandes gestores confundem ser mais produtivo com produzir mais necessariamente.

Esses conceitos podem ser aplicados a qualquer processo e área, seja na produtividade pessoal, dos negócios ou até mesmo em países. A Irlanda é considerada, dependendo do formato do indicador, a economia mais produtiva do mundo, segundo a World Population Review (2023). Muito mais do que a americana. Isto se dá porque o resultado de uma nação é seu Produto Interno Bruto (PIB), e obviamente os EUA geram muito mais resultado do que a Irlanda, contudo a população irlandesa é muito inferior à americana. Portanto, quando analisamos a relação do PIB com a quantidade de pessoas que trabalharam, ou as horas trabalhadas para gerar esse resultado, proporcionalmente a Irlanda é um país que gera mais resultados que os Estados Unidos. Isso exemplifica novamente que se um processo produz mais, mas está utilizando mais recursos do que antes para isso, está sendo menos produtivo.

11.2 TOYOTA VS VOLKSWAGEN

Vejamos outro grande caso de produtividade. No ano de 2022, a Toyota faturou $ 30,27 bilhões, de acordo com Companies Market Cap (2023) e produziu mais de 10 milhões de veículos, segundo a Toyota (2023). Já a Volkswagen, no mesmo período, teve um faturamento de $21,27 bilhões, conforme Companies Market Cap (2023), e produção de 8,72 veículos, segundo a Volkswagen Group (2023). Entretanto, quando analisamos o quadro de colaboradores, os números da Toyota foram aproximadamente 375 mil e da Volkswagen quase 700 mil, de acordo com Companies Market Cap (2023). Ou seja, em termos de faturamento, a Toyota gerou um resultado cerca de 42% a mais do que sua concorrente, mas utilizando apenas quase metade dos colaboradores. Já se analisarmos os resultados em termos de produção, a diferença entre as duas companhias representa quase dois meses a mais de produção da Volkswagen. Isso sim é "fazer treze meses em doze". Aliás, a Toyota produziu em um ano os veículos que a Volkswagen produziria em quase quatorze meses. E aposto que não precisou trabalhar aos sábados.

Neste exemplo, é possível calcular a produtividade das duas empresas no ano, analisando os conceitos que vimos até o momento. No campo dos resultados, podemos considerar o faturamento ou número de veículos produzidos e no campo dos recursos, número de colaboradores. Independentemente do tipo de visualização que escolhermos, sabemos que a Toyota foi a mais produtiva, mas veremos como ficaram esses indicadores na prática:

$$\text{Produtividade Toyota} = \frac{\$30{,}27\text{ B}}{375\text{ Mil}} = \mathbf{\$80.720}$$

$$\text{Produtividade Volks} = \frac{\$21{,}27\text{ B}}{700\text{ Mil}} = \mathbf{\$30.385}$$

Ou

$$\text{Produtividade Toyota} = \frac{10\text{ M}}{375\text{ Mil}} = \mathbf{26{,}6\text{ carros}}$$

$$\text{Produtividade Volks} = \frac{8{,}72\text{ M}}{700\text{ Mil}} = \mathbf{12{,}45\text{ carros}}$$

11.3 COMO AUMENTAR A PRODUTIVIDADE?

Para aumentar a produtividade de uma organização, deve-se analisar esse indicador, afinal o que não é medido, não é melhorado. Para isso, é preciso primeiramente identificar quais são os fatores de produtividade. Isto é, quais critérios de resultados gerados e recursos utilizados, relacionados com a natureza da operação, serão mensurados. Por exemplo, para o departamento de logística, pode-se calcular a produtividade por produtos entregues por dia. Em uma indústria, poderia ser produtos produzidos, divididos pelo número de colaboradores. Já para uma empresa de serviços, uma opção seria clientes atendidos no mês.

Em minhas consultorias, utilizo um indicador de produtividade do negócio que se aplica em qualquer organização e que recomendo para o leitor, quando não conhecer a fundo a natureza da operação da empresa. O indicador consiste na receita operacional bruta dividida pelo total de horas trabalhadas no período, incluindo as horas extras. Outra maneira de analisar a produtividade é a receita operacional bruta dividida pelo quadro de funcionários. Ou seja, é um indicador de quanto cada colaborador produz em média. Semelhante ao que vimos no caso das montadoras de carros, com diferença apenas do número de horas em vez de colaboradores. Dessa forma, executivos de qualquer segmento conseguem visualizar a produtividade do negócio, comparando os resultados com os esforços.

A partir da mensuração da produtividade, a segunda etapa é analisar os processos que envolvem esses fatores produtivos e identificar desperdícios neles, para otimizá-los. Sendo assim, deve-se compreender as atividades executadas na operação para que possam gerar mais resultados. Fagundes *et al.* (2018) afirmam que todas as atividades nas empresas podem ser classificadas em três tipos: que agregam valor; que não agregam valor, porém são necessárias; e as desnecessárias. O primeiro tipo está relacionado com as atividades que geram algum resultado na perspectiva dos clientes, sejam eles internos ou externos. As atividades que não agregam valor, porém necessárias, são aquelas que permitem a sustentação do processo, como o desenvolvimento de indicadores de gestão e alguns tipos de transporte. Por fim, as atividades desnecessárias estão relacionadas com qualquer outro tipo de atividade não contemplado nos dois itens anteriores. Desperdício então, de acordo com Fagundes *et al.* (2018), consiste nas atividades que são desnecessárias.

Segundo a filosofia Lean, desenvolvida na Toyota no final do século passado, existem oito tipos de desperdícios que podem ser encontrados em qualquer empresa (Fagundes *et al.*, 2018). São eles:

- **Superprodução:** significa produzir mais do que o necessário ou antes do que realmente é preciso. Ao produzir em excesso ou antecipadamente, são utilizados esforço e recursos, porém sem gerar resultados. Na prática, acontece quando profissionais geram relatórios que não serão analisados naquele momento, ou quando produtos são produzidos para estoque, por exemplo. O desperdício de superprodução é negativo para a organização, pois, além dos custos, o processo se torna pouco flexível. Isso se dá porque quando profissionais ou máquinas estão ocupados realizando algo de que não precisariam necessariamente naquele momento; ao chegar uma demanda mais urgente, não conseguirão dar vazão ao processo.
- **Burocracia:** apesar de muito comum, este desperdício talvez seja um dos mais difíceis de identificar. É relacionado ao excesso de atividades que não agregam valor, relacionadas a verificações, aprovações etc. Quanto maior for a burocracia na empresa, maior é a estrutura para suportá-la, ou seja, mais pessoas e recursos são contratados para manter a operação.
- **Excesso de movimentações:** mais fácil de observar do que o anterior, se refere a movimentos desnecessários, seja na operação de produção, seja para alcançar objetos etc. Por exemplo, perder vários minutos procurando um documento fora do lugar, ou ter que se levantar várias vezes para pegar emprestado um objeto de trabalho de um colega.
- **Transportes internos:** são todos os deslocamentos de produtos, documentos, materiais ou pessoas dentro da empresa, sem necessidade. Tem total relação com layout mal estruturado. Como áreas que têm relação constante, localizadas em salas distantes, fazendo com que as pessoas caminhem sem necessidade para tirarem dúvidas ou coletarem assinaturas.
- **Estoque:** por definição, todo estoque é um desperdício, pois é a principal consequência da superprodução. É compreensível que, em determinados processos e empresa, seja necessá-

rio ter estoques, mas, de modo geral, devem ser reduzidos ao mínimo possível.

- **Espera:** representa falta de balanceamento das atividades, ou seja, sempre que alguém ou algum setor fica parado esperando a etapa anterior a sua ser concluída, significa que um dos lados está sobrecarregado em relação ao outro. Este desbalanceamento pode ser causado por tempos diferentes de processo entre departamentos ou pessoas.

- **Retrabalho:** da mesma forma que os estoques, por definição, todo tipo de retrabalho é um desperdício, seja em produtos com defeitos, ou atividades executadas fora do previsto.

- **Intelectual:** com certeza o mais difícil de ser identificado, mas um dos mais importantes para ser eliminado. Significa o não aproveitamento do intelecto das pessoas. Quando os colaboradores não trabalham de forma inteligente, ou não são ouvidos e consultados para as tomadas de decisão, ou então, quando suas ideias não são levadas em consideração para a solução de problemas. É um grande desperdício nas empresas.

A Figura 15 apresenta alguns exemplos de cada um desses desperdícios

Figura 15 – Exemplos de desperdícios em processos

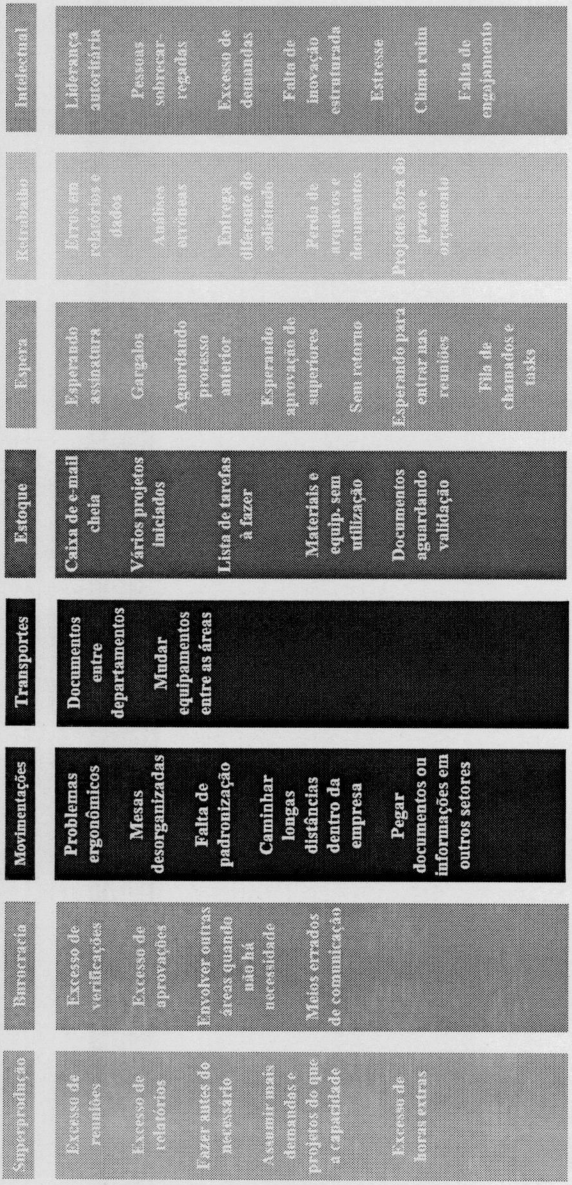

Intelectual	Retrabalho	Espera	Estoque	Transportes	Movimentações	Burocracia	Superprodução
Liderança autoritária	Erros em relatórios e dados	Esperando assinatura	Caixa de e-mail cheia	Documentos entre departamentos	Problemas ergonômicos	Excesso de verificações	Excesso de reuniões
Pessoas sobrecarregadas	Análises avulsas	Gargalos	Vários projetos iniciados	Mudar equipamentos entre as áreas	Mesas desorganizadas	Excesso de aprovações	Excesso de relatórios
Excesso de demandas	Entrega diferente do solicitado	Aguardando processo anterior	Lista de tarefas à fazer		Falta de padronização	Envolver outras áreas quando não há necessidade	Fazer antes do necessário
Falta de inovação estruturada	Perda de arquivos e documentos	Esperando aprovação de superiores	Materiais e equip. sem utilização		Caminhar longas distâncias dentro da empresa	Meios errados de comunicação	Assumir mais demandas e projetos do que a capacidade
Estresse	Projetos fora do prazo e orçamento	Sem retorno	Documentos aguardando validação		Pegar documentos ou informações em outros setores		Excesso de horas extras
Clima ruim		Esperando para entrar nas reuniões					
Falta de engajamento		Fila de chamadas e tasks					

Fonte: o autor

11.4 IDENTIFIQUE AS CAUSAS DOS PROBLEMAS

O princípio para aumentar a produtividade das organizações é a eliminação desses oito desperdícios dos processos. Contudo, os desperdícios são apenas os sintomas, e não as causas. Sendo assim, o desafio é não apenas reconhecer os problemas, mas também identificar suas causas fundamentais. A Figura 16 ilustra a proporção das quantidades de problemas nas empresas.

Figura 16 – Proporção dos problemas das empresas

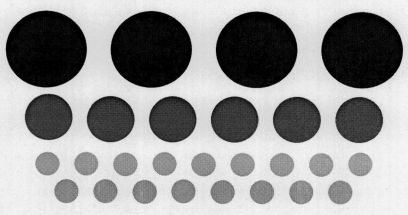

Fonte: o autor

Como é possível ver, as organizações possuem poucos problemas grandes e que necessariamente exigem soluções grandes, como alto orçamento e muitos recursos envolvidos. Por exemplo, necessidade de um novo armazém, alto aporte financeiro, grandes aumentos de quadro etc. Existem também alguns problemas médios, que necessitam de menos recursos. E, por fim, as empresas possuem muitos problemas pequenos, que exigem pouco esforço, recurso e tempo para solução, entretanto são mais difíceis de enxergar.

Gestores normalmente tendem a focar nos grandes problemas, devido ao fato de serem mais visíveis e trazerem maiores resultados, quando solucionados. A questão é que problemas grandes necessitam de grandes investimentos e recursos para resolvê-los, fatores que muitas vezes não estão a sua disposição. Difícil, por exemplo, empresas que tenham grandes brechas em seus caixas para alugarem um novo galpão, ou contratarem em massa em único mês. Ao invés disso, então, o foco deveria ser em resolver os problemas pequenos, o que requer investimento quase zero e envolve processo muito mais rápido. A solução de vários problemas pequenos pode gerar, no médio e longo prazo, mais impacto do que problemas médios e grandes. Algumas ferramentas que podem auxiliar no processo de identificação de problemas nas empresas são: cinco porquês, diagrama de causas, matriz de esforço e impacto, análise estatística, matriz de causa e efeito, entre outras.

11.5 PRODUTIVIDADE X QUALIDADE

Espero até aqui ter conseguido desmitificar o que é produtividade e trazer alguns direcionamentos de como tornar a organização mais produtiva. Contudo, é importante a clareza de mais um último conceito, a qualidade. Pois uma coisa só faz sentido alinhada com a outra. Qualidade é tudo que agrega valor na percepção do cliente, segundo Fagundes *et al.* (2018). Por exemplo, o que define se uma Ferrari ou um Gol tem qualidade é o que o cliente de cada carro enxerga de valor em um carro. Quem compra uma Ferrari, normalmente busca design, conforto, potência e status. Já quem procura um Gol, provavelmente valoriza economia, por ter menos condições financeiras, e, dessa forma, abre mão do luxo e status. Portanto, nessa perspectiva, ambos os carros podem ser produtos de qualidade. Mas sempre, nas empresas, o fator central deve ser o cliente. Sendo assim, busque aumentar a produtividade, mas jamais deixe de atender os clientes (sejam internos ou externos) para isso.

Por fim, para auxiliar na reestruturação dos processos nas organizações, deixo aqui sete princípios de produtividade com qualidade, adaptados da filosofia Lean, apresentada por Maia, Alves e Leão (2011), e que devem nortear os gestores nessas ações:

1. **Visão de valor:** definição do que é valor para o cliente (interno ou externo) e, com isso, o parâmetro de qualidade.

2. **Clareza do fluxo de valor:** a partir da visão anterior, identificar quais as atividades-chave que agregam valor, ou seja, que geram impacto na percepção do cliente.

3. **Fluxo contínuo:** processo balanceado, com tempos e equipes bem distribuídos, em que as atividades são executadas no momento certo e quase não há sobrecarga de trabalho, esperas e estoques em cada etapa.

4. **Processo puxado:** em que o cliente ou etapa seguinte determina as demandas da anterior. Isto é, as pessoas e departamentos só executam as demandas de acordo com um fluxo de solicitações, evitando que atividades sejam feitas antes da hora ou sem necessidade.

5. **Melhoria contínua:** nenhum processo é tão bom que não possa ser melhorado. Para isso, são necessários indicadores de produtividade e qualidade para medir e propor melhorias.

6. **Automação:** os processos e atividades devem ser os mais automatizados possível. Se algo é feito de forma manual e\ou exige muito tempo e esforço, deve ser repensado. A tecnologia permite cada vez mais ganhos de produtividade nas operações.

7. **Desenvolvimento das pessoas:** não importa o segmento ou departamento, empresas são movidas por pessoas. Portanto, o desenvolvimento constante dos colaboradores, seja por meio de treinamentos, capacitações, instruções de trabalho ou psicólogos organizacionais, é fundamental para o desempenho.

12
POR QUE SUA EMPRESA PRECISA DE UM PROGRAMA DE LIDERANÇA?

No cenário da nova economia, as soluções em produtos e serviços digitais permitiram o crescimento exponencial e orgânico de muitas empresas, tornando essa a única opção para que se mantenham competitivas. Com isso, a necessidade de líderes no mundo corporativo vem aumentando quase na mesma velocidade, para sustentar todo esse crescimento. Contudo, atualmente a demanda por líderes eficazes é muito maior do que a oferta. Há um excesso de candidatos a posições de gestão, porém muitos com competências técnicas e falta de preparo em habilidades de liderança.

12.1 POR QUE DESENVOLVER LÍDERES?

Segundo pesquisa Flow (2018), com mais de 110 executivos, 90% dos entrevistados receberam pelo menos uma proposta de novo emprego no ano. Aproximadamente metade trabalha em empresas que passam por uma transformação digital e um quarto deles não acredita que os líderes estejam preparados para gerir essas mudanças. A pesquisa ressalta também o alto *turnover* (taxa de rotatividade) entre os cargos de liderança.

Charan, Drotter e Noel (2018) afirmam que as empresas têm dificuldades em contratar líderes do mercado, pois a escassez de profissionais com habilidades de liderança é muito alta. Além disso, os ótimos líderes exigem grandes remunerações e costumam ser muito disputados, podendo migrar de empresas em pouco tempo. Sendo assim, se tornando ainda mais difícil sua retenção. Outra dificuldade de achar profissionais desse nível é a aderência com a cultura da organização, líderes de alto nível possuem valores pessoais muito claros e buscam desafios que estejam alinhados com seus propósitos.

Com todo esse cenário, a melhor estratégia para empresas é formar seus próprios líderes. Investir no desenvolvimento de lideranças pode ser um grande diferencial competitivo, desde que o façam de forma estruturada e alinhada com as estratégias do negócio. Dessa forma, é possível obter maior retenção de talentos e ainda garantir o suprimento das vagas de gestão com a aderência à cultura da empresa.

12.2 COMO ESTRUTURAR UM PROGRAMA DE LIDERANÇA

A seguir, irei abordar alguns passos para estruturar um programa de desenvolvimento de líderes em organizações. Eles foram utilizados por mim em um projeto implementado em uma grande empresa do Sul do país. O intuito é apenas apresentar algumas ideias e sugestões que gestores e profissionais de RH podem usar nesse processo.

Primeiramente, recomenda-se identificar qual perfil de líder a empresa busca, ou seja, quais as características, qualidades, atributos e princípios espera de seus líderes. Uma estratégia interessante é criar uma persona ou personagem que represente esses itens, isso facilita o entendimento do que se procura e pode ser usado em ações de endomarketing dos programas. O mais importante é que este perfil esteja conectado com a missão, valores e visão de futuro da organização. Para isso, são necessários alinhamentos e reuniões com a alta gestão, área de recursos humanos e/ou outros profissionais-chave.

Após esse entendimento, a segunda etapa é transformar as características definidas em competências e, com isso, os comportamentos que permitem identificar cada uma delas. Por exemplo, se dentro do perfil de líder esperado pela empresa foi encontrada a característica "agente de mudanças", pode-se transformar essa habilidade nas competências de: influência, comunicação assertiva e inovação. No próximo capítulo iremos abordar as competências socioemocionais de liderança que poderão servir de base para o desenvolvimento individual do(a) leitor(a) e também para que empresas as utilizem em seus programas.

A partir disso, serão estruturadas ações internas direcionadas ao desenvolvimento das lideranças, como trilhas de treinamento, formações continuadas, cursos externos e capacitações, *coaching* e *mentoring*, palestras, *onboarding* de novos gestores, avaliações etc. Idealmente, deve-se ter definidos objetivos para cada ação, junto com o plano e orçamento anual. O mais importante é que tudo isso tenha como foco principal o desenvolvimento das competências, visando ao perfil de líder que a empresa busca. As avaliações de desempenho irão auxiliar como fonte de insumo para a priorização dos participantes e os temas aplicados nos programas.

A etapa seguinte é a venda da ideia para a alta gestão. É muito importante não só a validação do projeto, mas também o engajamento de diretores e CEOs para o sucesso das ações. Como qualquer mudança organizacional, começa pela parte de cima. Neste momento, quanto mais alinhado com os objetivos e cultura da organização, mais chances de aprovação o programa terá. Importante conectá-lo com indicadores de desempenho do negócio, como forma de medir os resultados, como, por exemplo: redução de *turnover*, aumento de faturamento, melhora em pesquisas de clima etc.

Com a aprovação da alta gestão, a última etapa é aplicar o plano de comunicação com toda a empresa. Lives de lançamento, e-mail marketing, grupos do programa em redes sociais, vídeo com CEO e kit de convite para o programa personalizado são algumas estratégias para criar engajamento e divulgação. É imprescindível que todos os colaboradores tenham acesso a informações sobre o que é o programa e como participar dele, mesmo aqueles que não possuam cargo de liderança.

No projeto que mencionei, onde apliquei esses passos em uma empresa, tivemos resultados muito expressivos. No segundo ano do programa, conseguimos aprovar um orçamento dez vezes maior do que no lançamento, devido ao sucesso e aderência dos participantes. Além disso, foi obtida redução do *turnover* dos líderes, 50% dos participantes das primeiras turmas receberam promoções para novos cargos de gestão e foi percebida melhora significativa das avaliações de competências após a participação no programa.

12.3 O MUNDO ESTÁ CARENTE DE LÍDERES

Conforme já mencionado, as empresas da nova economia precisarão cada vez mais de líderes competentes para suportar todo o crescimento de forma sustentável e conduzir as futuras mudanças organizacionais. Sendo assim, o desenvolvimento de lideranças torna-se um grande diferencial competitivo no mercado e deve ser considerado um dos pilares estratégicos do negócio. O surgimento de novos líderes é indispensável atualmente, não só no mundo corporativo, mas também em diferentes áreas, como: política, religião, militar e meio acadêmico.

A sociedade atual cobra mudanças de seus indivíduos, num modelo que não oferece alternativa, senão seguir com opções que o sustentem. Acredito que os grandes agentes de mudança são os grandes líderes, que irão permitir que essas transformações cheguem a todos. O mundo está carente de líderes que ofereçam alternativas às pessoas, seja na comunidade ou nas organizações. Lideranças essas capazes de quebrar o status quo e criar alternativas para que cada um possa explorar seu potencial e, assim, retornar os avanços à sociedade.

Edu Lyra, empreendedor social e fundador da Gerando Falcões, acredita que a favela é a grande *startup* do Brasil, pois é lá que existe o maior potencial de inovação do país. Quem já teve a oportunidade de visitar uma grande favela talvez possa ter percebido a capacidade do ser humano, em específico o brasileiro, de encontrar soluções em meio a situações aparentemente sem alternativas providas pelo poder público. Normalmente se tem a percepção de que as comunidades periféricas são dependentes dos centros de desenvolvimento, mas e se for o contrário? E se de fato as regiões mais ricas das cidades é que dependem das favelas? Afinal, é de lá que vem boa parte do capital humano da sociedade. Imagine, então, o potencial de desenvolvimento, se as pessoas que vivem nessas comunidades vivessem em um modelo que fornecesse as condições para explorarem plenamente suas capacidades. Líderes como Edu Lyra perceberam que só é possível quebrar o padrão repetitivo das coisas se oferecermos alternativas a ele.

Em outra situação, imagine que o CEO de uma grande empresa instituísse a norma interna de que seu refeitório só iria comprar alimentos orgânicos de pequenos produtores familiares da região. Isso com certeza geraria desenvolvimento para a comunidade a sua volta, além de promover alimentação saudável, livre de toxinas, para seus colaboradores. Agora faço a seguinte pergunta ao leitor: após esse crescimento econômico, com maiores condições aquisitivas, de onde, ou melhor, de quem esses produtores irão comprar para manter esse novo padrão de consumo? Desse mesmo empresário, independentemente do que ele venda ou produza. De certa forma, essa contribuição acaba voltando para ele. Este é mais um exemplo de como líderes podem gerar mudanças nos padrões, oferecendo alternativas. Muitos gestores criticam os modelos de crescimento, remuneração, meritocracia e gestão das empresas, mas não buscam criar alternativas a esses modelos dentro da organização.

Eu poderia mudar o nome deste capítulo para: "Por que a sociedade precisa de um programa de liderança?". Aliás, este é um objetivo meu futuro, expandir programas de desenvolvimento de líderes para políticos, gestores públicos, líderes sindicais, diretores de ONGs, autoridades religiosas e em outras áreas. Mas isso tudo se aplica também dentro das empresas, não só para questões de sustentabilidade. As organizações devem ter programas de formação de líderes que não apenas busquem competências do negócio, mas que desenvolvam também lideranças autênticas, que criem alternativas para as pessoas, começando pelos próprios colaboradores.

REFERÊNCIAS

AMÀBILE, Teresa; KRAMER, Steven C. **O princípio do progresso**: como usar pequenas vitórias para estimular satisfação, emprenho e criatividade no trabalho. Rio de Janeiro: Rocco, 2011. 255 p.

BECK, Judith S. **Terapia cognitivo-comportamental**: teoria e prática. 3. ed. Porto Alegre: Artmed, 2021. 432 p.

BOYATZIS, Richard E.; PASSARELLI, Angela M.; KOENIG, Katherine; LOWE, Mark; MATHEW, Blessy; STOLLER, James K.; PHILLIPS, Michael. Examination of the neural substrates activated in memories of experiences with resonant and dissonant leaders. **The Leadership Quarterly**, Amsterdam, v. 23, n. 2, p. 259-272, abr. 2012. Disponível em: https://www.sciencedirect.com/science/article/abs/pii/S1048984311001263. Acesso em: 7 dez. 2023.

CAMPBELL, Andrew; WHITEHEAD, Jo; FINKELSTEIN, Sydney. **Why good leaders make bad decisions**. 2009. Elaborado por: Harvard Business Review. Disponível em: https://hbr.org/2009/02/why-good-leaders-make-bad-decisions. Acesso em: 11 dez. 2023.

CHARAN, Ram; DROTTER, Stephen; NOEL, James. **Pipeline de liderança**: o desenvolvimento de líderes como diferencial competitivo. Rio de Janeiro: Sextante, 2018. 272 p.

COMPANIES MARKET CAP (org.). **Companies ranked by earnings**. 2023. Disponível em: https://companiesmarketcap.com/most-profitable-companies/. Acesso em: 20 ago. 2023.

CORREIA, Joana Filipa Dias. **Liderança ressonante e dissonante no desempenho dos liderados**. 2013. 143 f. Dissertação (Mestrado em Ciências da Comunicação) – Universidade Católica Portuguesa, Lisboa, 2013.

COUTU, Diane L. How Resilience Works. *In*: HARVARD BUSINESS REVIEW. (ed.). **HBR's 10 must reads on emotional inteligence**. Boston: Harvard Business Review Press, 2015. p. 105-118.

DAVID, Susan; CONGLETON, Cristina. Emotional Agility: How Effective Leaders Manage Their Negative Thoughts and feelings. *In:* HARVARD BUSINESS REVIEW. **HBR's 10 must reads on emotional inteligence**. Boston: Harvard Business Review Press, 2015. p. 119-126.

DE MASI, Domenico de. **O ócio criativo**. Rio de Janeiro: Sextante, 2004. 352 p.

FAGUNDES, Ernando; FEIJÓ, Clarice Claudete de Oliveira; SANTOS, Marcia Irma dos; LUZ, Evandro Moritz. Como reduzir ou eliminar atividades que não agregam valor em uma organização. **Revista Visão**: Gestão Organizacional, [s. l.], v. 7, n. 2, p. 121-140, 31 dez. 2018. Universidade Alto Vale do Rio do Peixe – Uniarp. DOI: http://dx.doi.org/10.33362/visao.v7i2.1653.

FERNANDES, Claudio. Guerra dos Seis Dias. **Portal História do Mundo**, 2023. Disponível em: https://www.historiadomundo.com.br/idade-contemporanea/guerra-dos-seis-dias.htm. Acesso em: 11 dez. 2023.

FISHER, Roger; URY, William; PATTON, Bruce. **Como chegar ao sim**: a negociação de acordos sem concessões. 2. ed. Rio de Janeiro: Imago, 2005. 212 p.

FLOW. **O mercado está aquecido para a contratação de líderes**. 2018. Disponível em: https://flowef.com/pt/conteudos/mercado-aquecido-para-contratacao-de-lideres. Acesso em: fev. 2022.

FOX, Erica Ariel. **Mais do que chegar ao sim**: o método de negociação oficial da Harvard. São José dos Campos: Benvirá, 2014. 280 p.

FRANCISCHINI, Andresa S.N.; FRANCISCHINI, Paulino G. **Indicadores de desempenho**: dos objetivos à ação: métodos para elaborar KPIS e obter resultados. Rio de Janeiro: Alta Books, 2017. 448 p.

GOLEMAN, Daniel. **Inteligência social**. Rio de Janeiro: Objetiva, 2019. 487 p.

GOLEMAN, Daniel. **Liderança**: a inteligência emocional na formação do líder de sucesso. Rio de Janeiro: Objetiva, 2015. 144 p.

HUNTER, James C. **O monge e o executivo**: uma história sobre a essência da liderança. Rio de Janeiro: Sextante, 2004. 139 p.

KOHLRIESER, George. **Hostage At The Table**. New Jersey: Jossey Bass, 2006. 252 p.

MAIA, Laura Costa; ALVES, Anabela C.; LEÃO, Celina P. **Metodologias para implementar lean production**: uma revisão crítica de literatura. 2011. Universidade do Minho. Disponível em: https://repositorium.sdum.uminho.pt/handle/1822/18874. Acesso em: 19 dez. 2023.

MANTOVANI, Rafaélla. **O que cérebro humano tem de tão especial?** 2021. Elaborado por: Mega Imagem. Disponível em: https://www.megaimagem.com.br/blog/o-que-cerebro-humano-tem-de-tao-especial/#:~:text=Talvez%20voc%C3%AAs%20tenham%20ouvido%20falar,consci%C3%AAncia%2C%20racioc%C3%ADnio%20l%C3%B3gico%20e%20abstrato. Acesso em: 18 dez. 2023.

MOREIRA, Eduardo. **O que os donos do poder não querem que você saiba**. Rio de Janeiro: Civilização Brasileira, 2019. 128 p.

MOSS KANTER, ROSABETH (Estados Unidos). Harvard Business Review. **Surprises Are the New Normal; Resilience Is the New Skill**. 2013. Disponível em: https://hbr.org/2013/07/surprises-are-the-new-normal-r. Acesso em: 13 jun. 2019.

PALESTRA: Conexões mentais – liderança e a neurociência | Francisco Di Biase. Realização de Francisco di Biase. Belo Horizonte: Ubq, 2013. Son., color. Disponível em: https://www.youtube.com/watch?v=qxT-0MJv3hXM. Acesso em: 18 dez. 2023.

PILLAY, Srini (Estados Unidos). Harvard Business Review. **The Science Behind How Leaders Connect with Their Teams**. 2016. Disponível em: https://hbr.org/2016/03/the-science-behind-how-leaders-connect-with-their-teams. Acesso em: 15 maio 2019.

PINKER, Steven. **Racionalidade**: o que é, por que parece estar em falta e por que é importante. Rio de Janeiro: Intrínseca, 2022. 464 p.

QUAGLIO, Marcos Honori; CASTRO, Adriana Sperandio Ventura Pereira de; RODRIGUES, Alexsandro dos Santos; CONTIN, Neri Rodrigues. Liderança situacional: uma abordagem teórica a partir do modelo de Hersey e Blanchard. **Revista Eletrônica Produção & Engenharia**, Juiz de Fora, v. 7, n. 1, p. 575-586, dez. 2015. Disponível em: https://periodicos.ufjf.br/index.php/producaoeengenharia/article/view/28770/19667. Acesso em: 11 dez. 2023.

ROSENBERG, Marshall. **Comunicação não violenta**: técnicas para aprimorar relacionamentos pessoais e profissionais. São Paulo: Ágora, 2021. 280 p.

SAMPLE, Jane. **Thomas-Kilmann Conflict Mode Instrument**: profile and interpretive report. profile and interpretive report. 2008. Elaborado por Kilmann Diagnostics. Disponível em: https://kilmanndiagnostics.com/. Acesso em: 11 dez. 2023.

SCIENCE DAILY. **Toxic bosses are bad for your health and bad for your reputation**. 2017. Disponível em: https://www.sciencedaily.com/releases/2017/01/170105213124.htm. Acesso em: 7 dez. 2023.

SLAUGHTER, Mary. **How the Psychological Effects of Power Help Explain Harassment**. 2018. Disponível em: https://neuroleadership.com/your-brain-at-work/how-the-psychological-effects-of-power-help-explain-harassment/. Acesso em: 7 dez. 2023.

TOYOTA (org.). **Sales, Production, and Export Results for 2022 (January - December)**. 2023. Disponível em: https://global.toyota/en/company/profile/production-sales-figures/202212.html. Acesso em: 19 dez. 2023.

VASCO, António Branco. Sinto e penso, logo existo: abordagem integrativa das emoções. **Psilogos**: Revista do Serviço de Psiquiatria do Hospital Prof. Doutor Fernando Fonseca, EPE, v. 11, n. 1, p. 37-44, jun. 2013. Disponível em: https://repositorio.hff.min-saude.pt/handle/10400.10/1100. Acesso em: 5 dez. 2023.

VOLKSWAGEN GROUP (org.). **GROUP MANAGEMENT REPORT.** 2023. Disponível em: https://annualreport2022.volkswagenag.com/group-management-report/sustainable-value-enhancement/production.html. Acesso em: 19 dez. 2023.

WORLD POPULATION REVIEW (org.). **Most Productive Countries 2023**. 2023. Disponível em: https://worldpopulationreview.com/country-rankings/most-productive-countries. Acesso em: 19 dez. 2023.

ZORN, Michelle L.; NORMAN, Patricia; BUTLER, Frank C.; BHUSSAR, Manjot. **If You Think Downsizing Might Save Your Company, Think Again**. 2017. Elaborado por Harvard Business Review. Disponível em: https://hbr.org/2017/04/if-you-think-downsizing-might-save-your-company-think-again. Acesso em: 19 dez. 2023.